Heidi Kastner • Tatort Trennung

Heidi Kastner

TATORT TRENNUNG

Ein Psychogramm

K&S

www.kremayr-scheriau.at

ISBN: 978-3-218-01040-5

Schutzumschlaggestaltung: Sophie Gudenus, Wien
Unter Verwendung eines Fotos von Baphomets | Dreamstime.com
Typografische Gestaltung und Satz: Sophie Gudenus, Wien
Druck und Bindung: Christian Theiss GmbH, St. Stefan i. Lavanttal

Inhalt

Vorwort 9

In guten und in schlechten Zeiten 15

Trennung, scheibchenweise 31

Die Wucht der Rosenkriege 47

Besitzstörungsklage 69

Das ungleichschenkelige Dreieck 89

Die „schlagende Verbindung“ 109

Frauensachen 127

Die belanglose Trennung 143

Danksagung 153

Literatur 155

Allen, die es überlebt haben:

„Die Zeit heilt nicht alles;
aber sie rückt vielleicht das Unheilbare
aus dem Mittelpunkt."
LUDWIG MARCUSE

Vorwort

Obwohl mir in meinem beruflichen Leben, in der forensischen Psychiatrie, immer wieder dramatische Trennungsgeschichten begegnen, Geschichten, in denen wie in einem Brennglas alle menschlichen Emotionen fokussiert und hochexplosiv wirksam werden, waren es nicht diese Trennungstragödien, die mich dazu gebracht haben, mich intensiver mit dem Thema zu befassen. Es ist ein Privileg meines Berufs, dass ich neugierig sein kann und neugierig sein muss, um nachvollziehen zu können, was in Menschen vorgeht. Bei fast allen, mit denen ich bisher zu tun hatte, fand sich in der Biografie irgendeine Trennung, die relativ unspektakulär (jedenfalls ohne strafrechtliche Relevanz) verlaufen war, und fast keiner bewertete diese Trennung als eine positive Erfahrung. Weit häufiger war das vorherrschende Gefühl Bedauern oder auch Trauer, und bisweilen war da auch die Erkenntnis, dass der eigene Beitrag zur Trennung rückblickend ein Fehler gewesen war. Auf Nachfragen, was denn eigentlich der Grund für die Auflösung der Beziehung gewesen sei, kam in einer Vielzahl der Fälle die Antwort, „wir haben uns auseinandergelebt". Beim Versuch, diese wenig aufschlussreiche Aussage näher zu hinterfragen, kam häufig nichts. Oft konnten die Betroffenen selbst nicht mehr nachvollziehen, was denn eigentlich an der Partnerschaft so störend oder belastend gewesen war, dass damals eine Trennung die bessere Alternative zu sein schien.

Das war verblüffend. Auseinandergelebt? Da teilte man oft jahrelang Wohnung, Tisch, Bett und Konto, und dann lebte man sich sozusagen nebeneinander auseinander?

T.H. Holmes und R.H. Rahe erstellten 1967 eine Skala, in der 43 Lebensereignisse aufgelistet waren. Die sogenannte SRRS (Social Readjustment Rating Scale) beinhaltete sowohl negative als auch positive Ereignisse (denen jeweils ein gewisser Punktewert zugeordnet wurde), gemeinsam war ihnen nur, dass sie dem Betroffenen eine höhere Anpassungsleistung abverlangten. Die dahinter stehende Annahme war, dass ein gewisses Maß an Anpassungsleistung normalerweise verkraftbar ist, dass aber ein Überschreiten von 100 Punkten in einem Jahr das Risiko sowohl für somatische als auch für psychische Erkrankungen deutlich erhöht, was sich in einer empirischen Untersuchung auch bestätigte. Auf dieser Skala wurde der Tod des Partners mit 100 Punkten bewertet, eine Scheidung mit 73 und eine Trennung mit 65 (zum Vergleich: Eine Inhaftierung brachte 63 Punkte, Unfall oder Krankheit 53 und fristlose Entlassung und Arbeitslosigkeit 47; ein Wohnungswechsel zählte 20 Punkte, Weihnachten schaffte es mit 12 Punkten immerhin auf den vorletzten Platz).

Die Life-Event-Forschung hat seither bestätigt, dass Trennungen zu den wesentlichsten Belastungsfaktoren zählen, wobei der trennungsunwillige Partner durch die Trennung stärker mitgenommen wird als der aktiv betreibende. Unstrittig ist, dass der Verlust einer emotionalen

Bindung das belastendste Lebensereignis darstellt (major life event): „Bereavement or other losses of attachment have been found to be the main types of stressful life events, and in addition to being in itself a stressfull event, it involves a loss of primary source of social support, thereby leaving the individual doubly vulnerable.“ (Henderson & Argyle 1985)

Relativiert hat sich das Verhältnis von „schicksalhafter Trennung durch den Tod“ und „selbst herbeigeführter Trennung“: So wie auch das Traumatisierungspotenzial von Ereignissen dann höher ist, wenn es sich nicht um schicksalhafte, höheren Mächten zuzuschreibende Begebenheiten handelt, sondern wenn man einen gezielt-intentionalen, bösartigen Angriff erleidet, so scheint auch eine absichtlich herbeigeführte Trennung, in der man sich womöglich auch noch ohnmächtig-ausgeliefert fühlt, schwerer zu verkraften als der schicksalhafte Tod des Partners. Das hat mehrere Ursachen. Zum einen verlaufen Trennungen selten gänzlich konfliktfrei und das Gefühl, Unrecht erlitten zu haben, verliert sich nicht automatisch mit der Beendigung der gelebten Beziehung. Zum anderen ist der vormalige Partner ja noch „in der Welt“ und rein theoretisch verfügbar, sodass die Hoffnung auf eine Wiedervereinigung (ebenfalls theoretisch) keine unmögliche ist, bzw. es trägt zumindest einer die Verantwortung für das Geschehen, und manche tragen daran schwer.

Es herrscht also Einigkeit darüber, dass eine Trennung nicht unbedingt zu den vorteilhaftesten Lebenserfahrungen zählt. Faktisch ist eine Trennung immer ein „Tatort“, an dem manche Menschen in Verzweiflung gestürzt, manche in lebenslange Verbitterung getrieben und die meisten mit einer Erschütterung ihrer bisherigen Selbstdefinition konfrontiert werden. Umso erstaunlicher scheint es, dass fast jeder in seinem biografischen Verlauf mit dieser Erfahrung Bekanntschaft macht, sie bisweilen auch selbst herbeiführt und vielleicht nachher nicht einmal nachvollziehbare Gründe dafür angeben kann.

All our troubles, says somebody wise, come upon us because we cannot be alone. And that is all very well. We must all be able to be alone, otherwise we are just victims. But when we are able to be alone, then we realize that the only thing to do is to start a new relationship with another – or even the same – human being. That people should all be stuck up apart, like so many telegraph poles, is nonsense.

D.H. Lawrence

Alles Ungemach – so sagt ein Weiser – kommt nur über uns, weil wir nicht alleine sein können. Und das ist auch ganz gut so. Wir müssen alle fähig sein zum Alleinsein, sonst sind wir nur Opfer. Aber wenn wir dann dazu fähig sind, bemerken wir, dass es das einzig Wahre ist, eine neue Beziehung mit einem anderen – oder sogar mit demselben – Menschen einzugehen. Dass Menschen wie Telegrafenmasten in Distanz zueinander in der Landschaft herumstehen sollten, ist Unsinn.

D.H. Lawrence

In guten und in schlechten Zeiten

One is constantly struck by the number of
happy marriages and unhappy people.
W.H. AUDEN

Da einer Trennung eine Beziehung vorangehen muss und da es nahe liegt, dass Trennung viel mit unerfüllten, enttäuschten Erwartungen zu tun hat, scheint es unumgänglich, sich mit den gängigen Beziehungskonzepten zu beschäftigen.

In unserer Kultur war umfassend gelebte Beziehung in gesellschaftlich akzeptierter Form lange Zeit nur in einem gesellschaftlich abgesegneten Rahmen möglich, der durch die Eheschließung begründet wurde. Die auch heute noch angewandte Trauungsformel ist in ihren Grundzügen schon seit 1139 etabliert, der Wortstamm von Ehe verweist auf „Sitte, Recht, Dauer, Ewigkeit". Von Liebe keine Spur, wie dies auch heute noch zumindest formal gilt: „Das Gesetz regelt die Ehe, und da steht von der Liebe kein Wort." (Helene Klaar, Scheidungsanwältin) Allerdings war es auch mit der Dauer bzw. der Ewigkeit lange Zeit nicht weit her, die Lebenserwartung war deutlich kürzer: Dass das Gebären eines Kindes bis vor gar nicht so langer Zeit ein lebensbedrohliches Ereignis war (und Verhütung nicht existent), haben wir heute großteils vergessen, aber auch sonst waren die alltäglichen Risiken wesentlich höher als heute (trotz Terror und Amok unserer Tage), von schwerer körperlicher Arbeit und fatalen Krankheiten ganz zu schweigen. Man hatte also deutlich weniger Zeit, seine Eheschließung zu bereuen, Selbstverwirklichung war schon gar kein Thema und die Erwartung insgesamt weit pragmatischer.

Ursprünglich dürfte die Ehe ein Vertrag gewesen sein, der zwei Sippen in einem Bündnis vereinte und damit die Überlebenschancen beider vergrößerte. Richard Wagner lässt den Riesen Fasolt in „Rheingold" erklären: „Was du bist, bist du nur durch Verträge." So oder zumindest so ähnlich wird wohl auch das Selbstverständnis der Ehepartner gewesen sein, die durch ihre Verbindung einen Dienst aneinander und an der Gemeinschaft erbrachten und außerdem den Fortbestand der Familien sicherten. Wenn sie sich sympathisch fanden, war es sicher kein Nachteil, wenn nicht, konnte man vermutlich damit leben: Die Wirkungsbereiche beider Geschlechter waren streng definiert und wiesen wenige Überschneidungen auf, man konnte sich also relativ gut aus dem Weg gehen. Wesentlich beeinflusst wurde das Eheverständnis durch das Christentum. Monogamie und Unauflöslichkeit waren nunmehr höhere Pflicht, ebenso wie die Zeugung von Kindern. Die Ehe wurde als Sakrament definiert, ab dem 12. Jahrhundert war nur mehr die kirchliche Eheschließung gültig (was sich aus Sicht der Kirche bis heute nicht verändert hat).

Das mittelalterliche Ehebündnis

Im frühen Mittelalter, das gar kein so finsteres Zeitalter war, wie man glauben möchte (zumindest aus der Warte der Frau, die als „vollkommenes Wesen" betrachtet wurde; hier war reichlich Raum für Verschlechterung, der später auch genutzt wurde), wurde das Konsensprinzip eingeführt: Beide Ehepartner hatten in die Ehe einzuwilligen, sie konnten also zumindest theoretisch auch Nein sagen und sich ihren Partner in einem gewissen Rahmen selbst wählen, wobei der Rahmen immer noch weit ausschlaggebender war als die Zuneigung. Dieser Rahmen beschränkte die Auswahl potenzieller Ehepartner auf standesmäßig adäquate Personen des näheren Umkreises (Reisen war gefährlich, mühsam und langwierig und wurde zwecks Eheschließung nur dann in Kauf genommen, wenn besonders viel, z.B. ein Reich und dessen Absicherung durch unauflösliche Bündnisse, auf dem Spiel stand) und sollte vor allem der Frau, die ja lange nicht gleichberechtigt an Handel und Gewerbe teilnehmen durfte und für manche Arbeit nicht kräftig genug war, wirtschaftliche Absicherung bieten. Die Geschäftsfähigkeit der Frau wurde erst mit dem Erstarken der Städte seit dem 13. Jahrhundert in Stadtrechten verankert, im 14. und 15. Jahrhundert waren Frauen vielerorts schon in Handel und Handwerk tätig. Konsequenterweise waren Männer, die nicht in der Lage gewesen wären, mit ihrem Einkommen eine Frau und eine Familie zu erhalten, von der Eheschließung ausgenommen, durften also weder mit einer Frau zusammenleben noch Kinder zeugen. Der

Bereich der Partnerschaft in zulässiger Form war streng reglementiert: Henker beispielsweise, die prinzipiell als unehrenhaft galten und vom gesellschaftlichen Leben, von Festivitäten und Wirtsstuben ausgeschlossen waren, konnten nur weibliche Mitglieder anderer Henkersfamilien heiraten und Kinder zeugen, die in die beruflichen Fußstapfen ihres Vaters traten.

Die Liebe als Gefühl, das natürlich damals genauso real oder surreal war wie heute, war für den Großteil der Bevölkerung kein lebensbestimmendes Thema und wurde von der Elite (zumindest wenn man die gängigen gesellschaftlichen Regeln einhielt) als hohe Minne sublimiert: Kein vernünftiger Mensch wäre auf die Idee gekommen, so wesentliche Dinge wie den Fortbestand der eigenen Linie oder die politische, finanzielle und wirtschaftliche Sicherheit auf eine derart flüchtige und unzuverlässige Basis zu stellen. Unklar ist, ob diese platonische hohe Minne, die sich im Dienst an der erwählten Dame verzehrte, ohne ihrer je wirklich habhaft zu werden, in der Lebensrealität der damaligen Menschen überhaupt irgendeine Bedeutung hatte oder ob es sich dabei eher um eine rein literarische Figur handelte, die im Minnegesang hochgehalten wurde. Die sexuellen Aspekte der gegengeschlechtlichen Anziehung gehörten in den Bereich der niederen Minne und waren als tierisch-triebhaft verpönt. Wie zumeist siegte auch hier das Faktische über die Fiktion, weshalb der Begriff der hohen Minne immer mehr von den „niederen Motiven" kontaminiert wurde und schließlich ganz aus der Mode kam bzw. durch den Begriff „Liebe" ersetzt wurde (die damit ursprünglich eine zwar teilweise erotisch aufgeladene, aber „reine" Form der Zuneigung bezeichnete).

Die Verhältnisse blieben bis ins 18. Jahrhundert auf diesem Niveau stabil. Voraussetzung für eine Partnerschaft war die Ehe, und diese blieb im Dienst des wirtschaftlichen Vorteils und der Zeugung von Nachkommen. Abgesehen von zweckdienlichen Zusammenkünften der Ehepartner war Sexualität oft eine außerhäuslich-gewerblich betriebene Angelegenheit und romantische Liebe kein Thema, dem man außerhalb literarischer Ergüsse und schwärmerischer Verstiegenheiten viel Aufmerksamkeit schenkte.

Romantische Gefühle und ihre Schattenseiten

Mit dem Aufstieg des Bürgertums (und der Romantik) wurde das fatale Ideal der eierlegenden Wollmilchsau in die Welt gesetzt: Ehe, Liebe und Sexualität sollten in Kombination gelebt werden können. Einer der Schlüsselromane des 18. Jahrhunderts, Goethes „Leiden des jungen Werther", zeigte schon sehr bald auf, was man sich damit eingehandelt hatte. Der junge Rechtspraktikant Werther schildert darin in Briefen seine unglückselige Liebe zu einer Frau, die mit einem anderen verlobt ist, was ihn schließlich in den Suizid treibt. Der fiktive Werther hatte viele reale Epigonen, an ihrem Liebesleid und der Unerfüllbarkeit des Kombinationsanspruchs scheiternde junge Männer, und löste eine wahre Suizidepidemie aus. Goethe selbst verarbeitete in dem Roman seine aussichtslose Beziehung zur anderweitig verlobten Charlotte Buff, aber auch den Suizid eines Freundes, der die Unerreichbarkeit seiner verheirateten Angebeteten nicht ertragen hatte. Kein mittelalterlicher Mensch hätte diese Fülle von Unvernunft und Lebensverachtung verstehen oder gar nachvollziehen können.

Was nun ebenfalls folgte, war die Fokussierung auf das „häusliche Glück", auf das traute Ehe- und Familienleben und die Kleinfamilie, womit eine drastische Reduzierung der Frau auf Haus und Herd einherging. Es darf bezweifelt werden, dass sich die Qualität der ehelichen Beziehungen im Vergleich zu früheren Jahrhunderten wesentlich verbesserte. Hochgesteckte Erwartungen bergen den Keim tiefer Enttäuschung in sich, überzogene Idealvorstellungen lassen die alltägliche Realität bald kümmerlich wirken und degradieren eine unspektakuläre, aber auch nicht sonderlich triste Lebenssituation zu einem Scheitern des eigenen Lebensplans.

Um die praktische Seite der ehelichen Liebe war es außerdem weiterhin nicht gut bestellt: Nach wie vor wurde der Intimbereich der Ehepartner vom rigiden Moraldiktat der Kirche dominiert, nur dass nun auch die außerhäuslichen einschlägigen Aktivitäten zwecks Aufrechterhaltung der Sittlichkeit streng verpönt waren und weit verborgener (und verlogener) ausgelebt wurden als im „finsteren Mittelalter". Der reichlich hysterische, sexualneurotische Umgang mit dem Thema der körperlichen Nähe ist, so wie die Gegenbewegung der sexuellen Revolution, ein Erbe einer Zeit, in der selbst „unanständige" Tischbeine verhüllt werden mussten, um den Damen eine Ohnmacht zu ersparen.

Nachdem sich Bismarck, der für eine strikte Trennung von Staat und Kirche eintrat, mit Papst Pius IX. überworfen hatte, wurde in der zweiten Hälfte des 19. Jahrhunderts in Deutschland die Zivilehe eingeführt. In Frankreich hatte Napoleon das schon 1804 in Umsetzung der Ideale der französischen Revolution erledigt. Scheidungen waren somit legitim und wurden langsam gesellschaftliche Realität.

Die Zeit des Nationalsozialismus brachte mit dem „Gesetz zum Schutze des deutschen Blutes und der deutschen Ehre" vom 15. September 1935 einen nie dagewesenen staatlichen Eingriff in die Partnerwahl, indem Eheschließungen zwischen „Juden und Staatsangehörigen deutschen oder artsverwandten Blutes", die sogenannte „Rassenschande", verboten wurden. Dieses Gesetz wurde durch ein eigenes Ehegesetz des Alliierten Kontrollrats am 20. Februar 1946 aufgehoben; andernorts ging man den umgekehrten Weg: Im südafrikanischen System der Apartheid waren gemischte Ehen seit 1949 und sexuelle Kontakte zwischen unterschiedlichen Rassen seit 1950 verboten, das Verbot blieb bis zum Wahlsieg Mandelas 1994 aufrecht.

Wie lange hält eine Ehe?

Während das deutsche Grundgesetz die Ehe in Artikel 6 besonders schützt, existiert eine solche Regelung in Österreich nicht. Familie und Ehe kommen in der österreichischen Verfassung nicht vor und genießen nur insofern besonderen Schutz, als sie von der Europäischen Menschenrechtskommission in Artikel 8 EMRK erwähnt werden: Jede Person hat das Recht auf Achtung ihres Privat- und Familienlebens. Nach Artikel 12 haben Personen im heiratsfähigen Alter das Recht, eine Ehe einzugehen und eine Familie zu gründen.

Der Wirtschaftsboom der Nachkriegsjahre brachte insofern Veränderungen, als junge Menschen schneller finanziell selbsterhaltungsfähig waren und daher auch heiraten konnten. Nach wie vor wurde aber die Ehe von der Gesellschaft als einzig akzeptable Form des Zusammenlebens gesehen, auch an der Rollen- und Aufgabenverteilung (Mann sichert das Einkommen, Frau versorgt Mann, Haushalt und Kinder) wurde nicht gerüttelt. Der Niedergang der Ehe als formal erforderliche Basis einer Partnerschaft begann in den 1960er und 1970er Jahren. Eheliche und nichteheliche Kinder wurden gleichgestellt, die Antibabypille schützte (weitgehend, vor allem aber in nie dagewesener Form) vor unerwünschter Verantwortung. Mit 1.1.1975 wurde in Österreich der Schwangerschaftsabbruch bis zum Ende des dritten Schwangerschaftsmonats straffrei, wobei ausschließlich die Frau darüber entscheidet und keinem anderen ein Mitspracherecht eingeräumt wurde.

Nichteheliche Partnerschaften nahmen zu, Eheschließungen nahmen ab. Seit 1950 hat sich die Zahl der pro Jahr neu eingegangenen Ehen auf ungefähr die Hälfte reduziert und bleibt seither relativ konstant auf diesem Niveau.

Ein kontinuierlicher Anstieg war hingegen bei den Scheidungsraten zu verzeichnen, die erst in den letzten

Jahren wieder moderat rückläufig sind und bei ca. 40 Prozent liegen. Die Ehedauer ist zuletzt angestiegen und liegt durchschnittlich bei ungefähr 14 Jahren, wobei sich Trennungsaffine anscheinend früher trennen, die übrigen hingegen länger am Ball und/oder in der Partnerschaft bleiben, was bei der aktuellen Lebenserwartung gut und gerne eine 40- bis 50-jährige Bindung bedeuten kann. Allerdings hat sich zuletzt der Anteil an Scheidungen nach über 25-jährigen Beziehungen verdoppelt.

Der Anteil an innerlich distanzierten Verheirateten, an getrennt Verbundenen, wird im Übrigen auf 25 Prozent geschätzt; die Häufigkeit der Auflösung von nicht formal erfassten Partnerschaften ist eine Dunkelziffer, vermutet wird, dass die nichtehelichen Lebensgemeinschaften, deren Zahl in den letzten 15 Jahren um 40 Prozent gestiegen ist, nur selten, nämlich zu einem Fünftel, ein Ablaufdatum von zwei Jahren überstehen.

Ein Ideal mit Ablaufdatum

Was unterscheidet nun die einen von den anderen? Wie viel Gefühl (sprich: Liebe) braucht es, um Beziehungen zu erhalten? Geht es überhaupt um Gefühl oder sind andere Faktoren wichtiger? 2008 hat eine groß angelegte deutsche Studie gestartet (Pairfam), die sich anhand von 12.400 Männern und Frauen über einen Zeitraum von 14 Jahren mit diesen Fragen beschäftigen soll, in der Hoffnung, zumindest aus sozialpsychologischer Sicht Muster zu identifizieren. Was sich bisher schon herauskristallisiert hat, ist jedenfalls eine Bankrotterklärung des romantischen Ideals. Die überraschende Botschaft lautet, dass die romantische Liebe in ihrer Bedeutung für den Erhalt einer Beziehung überschätzt wird.

Natürlich sind Beziehungen äußerst vielschichtige, wechselhafte Geflechte aus unendlich vielen Einzelfäden (um nur einen Bruchteil zu nennen: Beziehungstradition der eigenen Herkunftsfamilie, Schwiegermütter, finanzielle Ressourcen, berufliches Engagement), laufend kommen neue dazu, andere werden brüchig und lösen sich auf, sodass in der Dimension der Zeit ständig neue Muster entstehen. Für Außenstehende sind meist nur die gerade an der Oberfläche liegenden Fäden erkennbar, selbst die Partner können selten alle Bestandteile des Geflechts erfassen oder gar benennen. Die Suche nach der „erfüllten Partnerschaft" steht allerdings in unserer Gesellschaft bei mehr als 90 Prozent der Menschen an oberster Stelle des Lebensziel-Rankings und führt zumindest einem Berufszweig ständig neue Kundschaft zu, nämlich dem der Paarberater/-therapeuten, die oftmals als eine Art „Schiedsrichter" angerufen werden und dem Partner tunlichst vermitteln sollen, wie unmöglich er sich benimmt, wie unrecht er hat und wie eindeutig das für den objektiven Außenstehenden erkennbar ist – nicht wirklich erstaunlich, dass die Erfolgsquote der Branche nicht berauschend ist. Mehr oder weniger dümmliche Ratgeber finden guten Absatz, in einer Unzahl von Zeitschriften kann man sich durch Ankreuzen eines Fragebogens einem bestimmten Partnerschaftstyp zuordnen, Vorteile der Nicht-Trennung werden aufgelistet („Sie sind einander vertraut, Sie kennen sein/ihr Lieblingsgericht, Sie wissen, wie er/sie nackt/ungekämmt/ungeschminkt aussieht"), abzuhakende Listen reihen Pro- und Kontra-Argumente aneinander. Angefeuert vom ubiquitären Liebeskitsch, der die naive Idee propagiert, der/die Eine müsse immer alles bieten, verrennen sich Paare in absehbar frustrierte Erwartungshaltungen. Cornelia Koppetsch, Soziologin an der TU Darmstadt, formuliert die traurige Erkenntnis, dass sich zwischen dem Ideal der Liebe und ihrer Realität eine immer größere Diskrepanz auftue, wobei man eher die Paarbeziehung als das Ideal aufzugeben gewillt sei.

Charles Fourrier, ein französischer Gesellschaftstheoretiker an der Wende vom 18. zum 19. Jahrhundert und glühender Verfechter des romantischen Liebesideals, hätte seine helle Freude gehabt an der Unzahl von heutigen Postings, in denen die „Langweile mit dem Partner" beklagt wird (die ja bekanntermaßen in All-inclusive-Settings nie aufkommen darf, der schöne Beruf des Animateurs verdankt sich dem Bedürfnis nach anstrengungsfreier Unterhaltung). Fourrier kritisierte die furchtbare Eintönigkeit in der herkömmlichen Ehe, die spontane Freude zerstöre. „Könnte das menschliche Geschlecht etwas Tauglicheres ersinnen als den isolierten Haushalt und die unauflösliche Ehe, um Liebesbeziehungen und Genuss mit Langeweile, Käuflichkeit und Treulosigkeit zu belasten?", fragt er. Man möge den Augenblick genießen und weder eine Ehe noch andere Bindungen eingehen; wenn es dafür schon zu spät war, wurden Ehepausen empfohlen, eine erstaunlich neuzeitlich anmutende Haltung.

Beziehungen sind harte Arbeit – an sich selbst

Der wahre Kitt haltbarer Beziehungen (die uns krankmachenden Trennungsstress ersparen ebenso wie die leidige Erkenntnis, dass es in der neuen Beziehung nach einiger Zeit – meist eineinhalb Jahre, dann ist die ärgste Verliebtheitsverblendung überstanden – auch nicht besser läuft oder dass – oh Graus – keine neue Beziehung in Sicht ist) liegt scheinbar in Freundschaft und ähnlichen Werten. Kinder sind alles andere als beziehungsfördernd (fördern allerdings manchmal das Zusammenbleiben trotz innerer Distanz der Partner), Beziehungsdebatten sind kein Allheilmittel gegen überzogene und unbefriedigte Erwartungen („Getretener Quark wird breit, nicht stark", formulierte Goethe) und Sex wird überbewertet.

Trotz aller Widrigkeiten machen Paare es sich meist nicht leicht mit der Trennung. Ein Teil verharrt in einem Zustand „wunschlosen Unglücks" und resigniert leise und lange vor sich hin (in der Fachsprache: Paarzufriedenheit und Partnerschaftsstabilität korrelieren nur schwach). Etwa so:

Als der Mann nach 53-jähriger, scheinbar harmonischer Ehe starb, nahmen alle Angehörigen an, dass die Frau nun in unrettbare, tiefe Trauer versinken würde, und kümmerten sich entsprechend intensiv um sie. Eines Tages wurde ihr das Getue ebenso zuviel wie die an sie gerichtete Trauererwartung, und sie teilte den entsetzten Familienmitgliedern mit, dass sie nun aufhören könnten. Sie sei unendlich froh, diesen furchtbaren Kerl endlich für immer los zu sein.

Ein anderer Teil aber bewältigt Krisen und geht gemeinsam und um eine Erfahrung reicher daraus hervor. Was es Partnern ermöglicht, Beziehungsnöte zu überstehen, wird mit dem Begriff der „Resilienz", also der Widerstandsfähigkeit gegen Belastungen, bezeichnet, und da hat sich vor allem ein Faktor als unschlagbar wichtig erwiesen: die klare Absicht, zusammenzubleiben und sich auf die gemeinsame Zukunft hin zu orientieren. Natürlich muss die Orientierung auf beiden Seiten vorliegen, um wirksam zu werden, einer alleine kann einen orientierungselastischen anderen nicht auf Dauer in einer Beziehung halten und vor allem nicht bewirken, dass der andere sich und seine An- und Absichten kritisch und realistisch hinterfragt. Die oft zitierte „Arbeit an der Beziehung", die im Wesentlichen darin bestehen sollte, laufend stattfindende Veränderungen in die Partnerschaft zu integrieren, ist zu einem Gutteil Arbeit an sich selbst, verbunden mit einer gehörigen Portion Selbstkritikfähigkeit und der Bereitschaft, nicht jede Meinungsverschiedenheit aufs Tapet zu bringen oder durch Konsens beenden zu müssen.

Streiten ist, anders als das Äußern der eigenen Position und die Deklaration der eigenen Grenzen, nicht beziehungsfördernd. John Gottman, ein US-amerikanischer Psychologe und Paarforscher, hat die Streitkultur von Paaren untersucht und die These der vier „apokalyptischen Reiter" aufgestellt, vier Verhaltensmuster, die vor einer Trennung regelhaft auftreten und das Ende der Beziehung einleiten. Es sind dies die Abwehr eigener Anteile an einem Konflikt (verbunden mit Schuldzuweisungen an den anderen), die Verachtung und Geringschätzung des Partners (das Eheversprechen beinhaltet nicht von ungefähr die Zusage, den anderen zu achten und zu ehren), das Mauern (gekränktes Verstummen und Rückzug) und Kritik am Partner, die sich bis zur Pauschalverurteilung steigert. Ein möglicher fünfter Reiter ist das Bedürfnis nach Machtdemonstration. In unglücklich stabilen Partnerschaften finden negative Interventionen fünfmal häufiger statt als positive, umgekehrt braucht es fünf positive Äußerungen, um eine negative zu kompensieren. Unvermeidbar auftretende Spannungen werden idealerweise mit Respekt, Humor, Großzügigkeit und fassbarer Zuneigung gelöst, wobei auch hier die Pragmatischen besser aussteigen.

Die unselige Angewohnheit, alles innerlich so lange umzuformulieren, bis der Inhalt kaum mehr transportiert werden, aber der Partner ihn „annehmen" kann, verschlechtert langfristig gesehen den Outcome der Beziehung. Unbedingt zu vermeiden sind tiefe, nachhaltige Kränkungen. Ein Mann, der seine Partnerin (berichteterweise) noch in der Hochzeitsnacht fragt, wozu er sie eigentlich geheiratet habe, legt damit sicher nicht den Grundstein für eine lange, glückliche Ehe.

Nicht jedes Problem muss gelöst werden, manches kann man schlichtweg ertragen, ohne sich selbst und seine Werte zu verraten. Dazu gehören sowohl Haare im Waschbecken als auch chronische Hektik vor wichtigen Terminen: Man kann damit leben, vor allem, wenn man sich selbst einmal eingestanden hat, dass nicht alle eigenen Eigenheiten zwingend mit dem Idealbild des perfekten Partners vereinbar sind. Das Ideal der vollkommenen Liebe ist wohl am besten im Märchen, in der Oper, im Film und im Kitsch aufgehoben, die zentrale Anforderung an den Partner ist nicht, perfekt und uneingeschränkt gut zu sein, sondern „gut genug".

Trennung, scheibchenweise

Lasst euch von niemandem so tief hinabziehen,
dass ihr ihn hasst.
BOOKER T. WASHINGTON

Falls Paare sich in Richtung Trennung bewegen, geschieht diese Entwicklung meist asymmetrisch und folgt einem Muster, das von der Soziologin Diane Vaughan in den 1990er Jahren beschrieben wurde. Auch sie machte die Beobachtung, dass manche Getrennte sich schwer taten, einen Trennungsgrund zu benennen oder dass die Trennungen von außen betrachtet oft auf „unscheinbaren" Gründen beruhten. Den Keim der Trennung bezeichnete sie als „Geheimnis". Gemeint ist damit, dass ein Beziehungspartner bei sich ein wachsendes Unbehagen feststellt, es „passt" nicht mehr. Anfangs wird die Unzufriedenheit noch als vorübergehendes Phänomen abgetan, dann beginnt der Unzufriedene langsam, aber stetig, mit der Ursachenforschung und betrachtet damit den anderen immer mehr durch den Filter seiner eigenen Negativerwartungen, was zu einer Art self-fulfilling prophecy wird. Das „Geheimnis" betrifft also nicht Äußerlichkeiten, sondern die subjektive Sicht auf die Beziehung selbst, die sich subtil, aber stetig verändert.

Eine Frau erzählte, dass sie schon am Tag der Hochzeit gewusst habe, dass sie einen Fehler mache. Sie habe vor der Kirche gestanden und wäre am liebsten umgekehrt, wollte aber keinem einen solchen Eklat zumuten. Außerdem konnte sie, abgesehen von einem vagen Gefühl, keine Gründe für ihr Unbehagen nennen, schon gar keine „vernünftigen", jeder hätte sie wohl für verrückt gehalten. Die Beziehung bestand schon seit sieben Jahren, es hatte keine dramatischen Krisen gegeben, die Entscheidung zu heiraten war eine beidseitige, der Zeitpunkt durch äußere Umstände diktiert. Die Ehe wurde nach über zwanzig Jahren, davon zehn Jahre in ständiger, nun auch beidseitiger Ambivalenz, geschieden. In ihrer Herkunftsfamilie hatte die Verbindlichkeit der Ehe einen hohen Stellenwert, wobei sich hier auch viele Beispiele geglückter langjähriger Partnerschaften fanden. Ein Scheitern der Ehe wäre keinesfalls sanktioniert worden, es gab dafür nur einfach kein Vorbild. Außerdem hatte die Verbindlichkeit eines Versprechens für sie einen hohen Stellenwert, auch für ihn, und sie hatten sich ja gegenseitig Liebe, Achtung und Ehre geschworen. Wesentlich war auch der Aspekt des Versagens, mit dem die Scheidung für sie konnotiert war. Wenn man etwas nur wirklich wollte und sich darum ausreichend bemühte, musste es gelingen.

Wenn Unzufriedenheit geäußert wird, dann meist als Kritik an banalen Nebensächlichkeiten, die vom Nichtsahnenden leicht als momentane Verstimmung oder Laune abgetan werden kann. Derweil beginnt der andere innerlich, Alternativszenarien zu entwerfen und Lösungen zu erwägen, natürlich ohne dass der wesentlich Betroffene bzw. Bedrohte dabei eingreifen oder eine Position formulieren könnte. Es kann auffallen, dass der Unzufriedene sich neuen Hobbys oder neuen Freunden zuwendet und den Partner dabei nicht einbezieht, auch das wird meist noch als „Phase" abgetan, die man eben tolerieren muss. Man möchte doch den anderen nicht einengen, man muss einander ja Freiräume lassen, und wenn es ihm so wichtig ist … Faktisch bereitet derjenige, der sich mit dem Gedanken an Trennung trägt, bewusst oder unbewusst schon das soziale Netz vor, in das er – im Fall einer Trennung – möglichst weich fallen könnte, und erzählt zu Hause immer weniger über seine Erfahrungen und Erlebnisse, vor allem dann nicht, wenn dieses Netz auch eine Außenbeziehung inkludiert. Die Geheimnisse nehmen zu.

In der nächsten Phase hat der Unzufriedene sich schon so weit davon überzeugt, dass er mit dem anderen nie eine befriedigende Beziehung führen wird können, dass die ungebremste Schubumkehr einsetzt. Alles, was man früher am anderen liebenswert und speziell gefunden hat, wird nun peinlich, lächerlich oder hausbacken. In dieser Phase wird die gesamte Geschichte der Partnerschaft einseitig neu geschrieben. Das Problem war ja immer schon da, man hat es nur ignoriert, hat über gravierende Versäumnisse und Unzulänglichkeiten hinweggesehen; positive Erinnerungen werden nicht dem Partner, sondern den Umständen gutgeschrieben (damals war ich ja so verliebt, dass ich nicht bemerkt habe …; diese Zeit war ja nur deshalb schön, weil wir eben im Urlaub waren, da gibt es ja keinen Alltag …; eigentlich habe ich ja nur geheiratet, weil meine Eltern das erwartet haben …). Der Prozess der retrograden Geschichtsfälschung erfordert keine speziellen Fähigkeiten, weil wir generell Erinnerungen immer neu einordnen und interpretieren. Im direkten Umgang mit dem Partner wird nun vielleicht spielerisch die Trennung in den Raum gestellt und – mit einem Lächeln – die rhetorische Frage gestellt, ob die Beziehung noch zu retten sei. Gleichzeitig werden andere über die Überlegungen informiert, die Reaktionen werden ausgelotet, intime Beziehungsdetails werden verraten, eine „Übergangsperson" wird gesucht. Das kann die schon erwähnte Außenbeziehung sein, aber auch ein Freund oder ein Therapeut, mit dem man „über alles" reden kann. Zunehmend bleibt die Loyalität zum Partner auch nach außen hin auf der Strecke.

Für den Trennungsorientierten beginnt die Trauerphase. „… Und jedem Anfang wohnt ein Zauber inne" – und jeder Trennung ein kleiner Tod, möchte man ergänzen. Hermann Hesse bewertet Veränderung, auch Trennung, zwar positiver („Kaum sind wir heimisch einem Lebenskreise und traulich eingewohnt, so droht Erschlaffen; nur wer bereit zu Aufbruch ist und Reise, mag lähmender Gewöhnung sich entraffen"), der Zuspruch hilft aber nicht wirklich: Getrauert muss werden. Man kann sich diese Phase etwas erleichtern, indem man seine eigene Verantwortung für die Entwicklung minimiert und die Schuld daran dem anderen attribuiert, aber auch, indem man den anderen für sich selbst möglichst negativ malt und damit den Verlust verkraftbarer erscheinen lässt (was natürlich ein Unrecht ist und eines, das man als anständiger Mensch irgendwann wieder zurechtrücken sollte).

In der nächsten Phase befindet sich der Betreiber der Trennung selbst schon im Übergang zwischen Abschied und Neubeginn. Er investiert kaum mehr in die Beziehung, die er ohnehin bald verlassen wird, verbringt immer mehr Zeit mit Aktivitäten außerhalb der Partnerschaft und entzieht sich der Kommunikation. In der Praxis sieht das oft so aus, dass man mehr Zeit in der Arbeit verbringt, nicht mehr mit dem anderen gemeinsam zu Bett geht, weil man noch „etwas erledigen" muss, und Familienfeste und Familienzusammenkünfte vermeidet, bei denen die Demonstration von Zweisamkeit erwartet wird. Der andere hat immer noch keine Ahnung, was da sozusagen in seinem eigenen Bett, aber hinter seinem Rücken vorgeht. Rückblickend ist es leicht, Signale zu erkennen, und manche zerfleischen sich auch mit der Frage, wie sie nur so blind sein konnten, diese Hinweise zu ignorieren. Das ist eine entbehrliche Übung, die nur das eigene Elend vergrößert: Eine gelebte Beziehung ist kein heiteres Befindlichkeitsraten, sondern beruht auch auf der Tatsache, dass Menschen relativ differenziert kommunizieren können, wenn es ihnen wichtig oder angebracht erscheint. Es nicht zu tun, ist eine willentlich getroffene Entscheidung, ebenso wie die Aufrechterhaltung der Illusion über einen langen Zeitraum.

This is the end, my friend

Was nun folgt, ist die drastische und unmissverständliche Kommunikation der Trennungsabsicht, die den zumeist Ahnungslosen wie eine Keule aus dem Hinterhalt trifft. Je nach Persönlichkeit (und Ausmaß der Schuldgefühle) kann die Information relativ brutal und unverblümt daherkommen oder mit allerlei Nettigkeiten garniert, die aber nichts am Inhalt ändern. Wenn der Partner erklärt, dass er beschlossen habe, er brauche nun Zeit, um zu sich zu finden und sich neu zu definieren, sollte man nur dann nachfragen, wenn man auch wirklich, wirklich jetzt gleich von der schon länger etablierten Außenbeziehung erfahren möchte. Der Zeitpunkt der Mitteilung selbst ist nicht immer bewusst gewählt und kann auch durch zufällige Entwicklungen (mögliche Versetzung in eine andere Stadt, Erbschaft) herbeigeführt werden, die meisten beschreiben aber eine vorangehende, einschneidende und gut erinnerliche Erkenntnis („Da habe ich gewusst, das geht nicht mehr").

Eine Frau erinnert sich, dass sie nach jahrelanger innerer Ambivalenz ihren Mann in einem Hotelfitnessraum an den Turngeräten betrachtet und plötzlich denkt: „Der bewegt sich wie ein Affe." Nach der Rückkehr aus dem Urlaub eröffnet sie ihm, dass sie die Beziehung beenden will.
Ein Mann geht mit seiner langjährigen Freundin ins Restaurant und erlebt zum hundertsten Mal, dass sie sich nicht für eine Bestellung entscheiden kann und ge-

fühlte Stunden mit dem Kellner über Vor- und Nachteile der diversen Gerichte debattiert. Plötzlich denkt er sich, dass er diese Zögerlichkeit und irrwitzige Dramatisierung banaler Dinge keine Minute länger erträgt. Eine Woche später zieht er aus.

Alternativ kann die Auseinandersetzung in der Variante für Feiglinge auch erzwungen werden, indem der Trennungswillige sich so unmöglich verhält, dass der Partner reagieren muss. In dieser Version wird die Verantwortung (und die Schuld) auf den Partner übertragen, der sie oft annimmt, weil ihm die Hintergründe der eskalierenden Dynamik ja nicht bekannt sind. Jedenfalls ist nun die Katze aus dem Sack und die beiden sind im Gespräch, wenngleich die Ausgangspositionen ungleicher nicht sein könnten. Während der eine innerlich schon sein neues „Nest" vorbereitet hat, sieht sich der andere plötzlich und unvermutet einer Sturmbö ausgesetzt, gegen die er sich nun mit aller Macht stemmt. Häufig werden Vereinbarungen getroffen, es „noch einmal zu versuchen", die von frenetischem einseitigem Bemühen gefolgt sind: Der Trennungswillige stimmt der Vereinbarung hauptsächlich deshalb zu, weil ihn ein schlechtes Gewissen plagt, er kann sich aber schon denken, was dabei herauskommt, und erstaunlicherweise kommt auch genau das heraus. Die Rettungsversuche sind also meist im wahrsten Sinn des Wortes halbherzig.

In den seltensten Fällen führt die direkte Konfrontation zu einer Veränderung und Stabilisierung der Beziehung, und zwar nur dann, wenn beide einander noch zuhören und den anderen weiterhin ernst nehmen, wenn also die einseitige innere Entwertung nicht oder nicht umfassend stattgefunden hat. Falls es dem Überrumpelten gelingt, positive Aspekte der Gemeinsamkeit herauszustellen, kann das den Trennungssuchenden verunsichern und zu einem Überdenken seiner Sichtweise führen. Was folgt, sind Bemühungen um das Gemeinsame, um die „Romantik“ und um das Wiederaufleben von Intimität. Wie schon angeführt, sind solche Versuche zumeist nicht von Erfolg gekrönt und führen nur zu einem Aufschub der Trennung.

Eine Frau war längere Zeit mit den Klagen ihres Ehemanns konfrontiert, dass sie zu unsportlich sei und zu wenig Interesse an Freiluftaktivitäten zeige. Nachdem der Mann ihr seine Trennungsabsichten kundgetan und beide vereinbart hatten, sich noch einmal zu bemühen, begann sie heimlich zu trainieren, um ihn im geplanten Kurzurlaub („Wir versuchen es noch einmal“) mit ihrer guten Kondition zu überraschen. Als sie auf den steilen Wanderwegen plötzlich problemlos mithalten konnte, reagierte er gar nicht, es fiel ihm nicht einmal auf. Erst da war für sie klar, dass es für ihn kein Zurück mehr gab.

Gelegentlich schlägt der Trennungswillige nun eine Paartherapie vor in der Hoffnung, der andere möge dort erkennen (oder vom Therapeuten gesagt bekommen), dass nichts mehr zu retten ist. Viele Therapeuten beschreiben, dass zum Zeitpunkt der Konsultation oft schon alles gelaufen ist, es ist keine Reanimation, sondern ein pompöses

Begräbnis, dem sie hier assistieren. Falls nennenswertes Vermögen oder die Obsorge für Kinder auf dem Spiel stehen, kann Therapie auch ein taktisches Manöver sein, den eigenen guten Willen zu dokumentieren.

Der nächste Schritt ist die räumliche Trennung („Beziehungspause"), eine geschickte Lösung, um sich schon einmal räumlich zu distanzieren und aus der Distanz zu hoffen, dass der andere sich an den Zustand gewöhnt. Jedenfalls lässt mit diesem Schritt die Anspannung nach, was nach den Turbulenzen der vorangegangenen Tage/Wochen/Monate als wohltuend empfunden wird. Gleichzeitig geht aber auch beiden ein zentraler Fixpunkt verloren und es sind beide genötigt, sich in ihrem Selbstverständnis neu zu definieren. Dazu kommen die Reaktionen der nun informierten Öffentlichkeit, die den Kummer verstärken oder abmildern können. Dass der Überrumpelte noch einige Zeit an der Beziehung festhält und den Gedanken an Veränderung nur schwer akzeptieren und zulassen kann, ist übrigens völlig normal: Menschen sind ziemlich veränderungsunwillig, sträuben sich regelhaft gegen einen Verlust vertrauter Muster und haften am Alten.

Sobald die Phase der Aufteilung der vormals gemeinsamen Welt eingeleitet wird (Kinder, Freunde, materieller Besitz), wird die Trennung faktische, nicht mehr zu verleugnende Realität. Um eine neue, von der alten Beziehung unabhängige Identität zu entwickeln, ist es unabdingbar, den Verlust der alten Gegebenheiten voll und ganz zu realisieren und als nicht umkehrbaren Prozess zu erkennen. Das ist umso schwieriger, je mehr eine gelungene Beziehung Teil der positiven Selbstdefinition ist.

Es wäre eine fatale Entwicklung, sich als „Opfer" neu zu definieren, weshalb therapeutische Interventionen klar zukunftsorientiert sein sollen und dem Aspekt des Trosts und Zuspruchs nur den unbedingt erforderlichen Raum geben sollten.

Die letzte Phase, die der Ablösung, ist erst dann erreicht, wenn sich die vormaligen Partner als getrennte und voneinander unabhängige Menschen verstehen und auch von anderen so wahrgenommen werden. Dass die Vertrautheit bleibt, dass sie, vor allem wenn Kinder weiterhin gemeinsam versorgt werden, in alter Intensität aufleben kann und dass man nach langen Jahren der Gemeinsamkeit Eigenarten des anderen übernommen hat, die man nicht ablegt wie abgetragene Kleidung, ist ebenso normal wie ein Gefühl der Wehmut in besonders freudigen oder traurigen Momenten, die für beide Bedeutung haben.

Scheiden tut weh

Nach Stand der empirischen Forschung leiden Frauen unter Trennungen stärker als Männer bzw. empfinden Trennungen als persönliche Niederlage, die unbedingt bis in die letzte Faser analysiert, besprochen und wie weiland alte Mäntel „aufgearbeitet" werden muss. Jede Minute der Beziehung wird hervorgekramt, durchleuchtet und bewertet, bis man sich sicher sein kann, dass einen der Mann gar nicht verdient hat und dass man ohne ihn wesentlich besser dran ist. Dazu bedarf es unzähliger Gespräche mit Freundinnen, die heftig die männliche Minderwertigkeit bestätigen, und eines ausgiebigen Suhlens im Leid des vergangenen Lebensabschnitts. Männer hingegen verfügen scheinbar über einen ausgeprägteren Selbsterhaltungstrieb und ein geringeres Analysebedürfnis und machen schneller „einfach weiter". Zumindest behauptet das die Studie einer Online-Partnerbörse, die bei 38 Prozent der Männer eine Tendenz erkennt, das Alte zugunsten des Neuen abzuhaken. Das scheint den Befund von Eva Illouz über die aktuellen gesellschaftlichen Bedingungen („Liebe" als Investmentmanagement und Handel mit Sexyness unter marktwirtschaftlichen Gesichtspunkten, wobei Männer auf den besseren Startpositionen sitzen) zu bestätigen.

Je nach Beziehungsdauer, -intensität und -konzept kann eine Trennung oder Scheidung natürlich einen wesentlichen Risikofaktor für Krankheiten aller Art darstellen. Der Trennungsschmerz selbst, ein Amputationsschmerz, dem der Phantomschmerz folgt, wird neuronal wie körperlicher Schmerz verarbeitet. In letzter Zeit wird auch das „Broken-Heart-Syndrom" wieder häufiger thematisiert, auch Tako-Tsubo-Syndrom oder Stress-Cardiomyopathie genannt. Die akut einsetzende und potenziell tödliche Funktionsstörung des Herzmuskels wird durch Stresshormone ausgelöst und gibt dem Tod an gebrochenem Herzen eine somatische Grundlage. Deutlich häufiger sind psychosomatische Beschwerden (innere Unruhe, Schlafstörungen, Konzentrationsstörungen, Kopfschmerzen), die Unfähigkeit, mit anderen positiv zu interagieren, Verlust von Lebensfreude, Antrieb und Interesse, Essstörungen. Aber auch Feindseligkeit, Aggression, vermehrter Substanzmissbrauch und Selbstaggression bis hin zum Suizid können auftreten. Die gute Nachricht ist, dass die Symptomatik meist selbstlimitierend ist, die schlechte, dass noch so viel Gewöhnung keine Immunisierung bewirkt und dass kein Lebensalter davor gefeit ist. Mit fortgeschrittenem Alter kann man zwar kognitiv auf die Erfahrung zurückgreifen, dass der dramatische Zustand irgendwann, meist nach Monaten, wieder endet, in der akuten Situation hilft das aber herzlich wenig. In Extremfällen können alle als Symptome der akuten Belastungsreaktion bekannten Phänomene auftreten bis hin zur Dissoziation, einem Zustand, in dem das Erleben aufgrund seiner unerträglichen Qualität und Intensität nicht mehr ins Bewusstsein integriert werden kann und die Betroffenen wie Roboter agieren, ohne sich nachträglich an die Zeiträume der Dissoziation erinnern zu können.

Relativ häufig ist eine erhöhte Empfindsamkeit für Musik, die als körperlich schmerzhaft erlebt wird, Plätze und Orte der Erinnerung werden gemieden und sind oft noch jahrelang mit unangenehmen Empfindungen konnotiert, sodass „emotionale Landkarten" entstehen und den Bewegungsradius einengen können. Es mag ein schwacher Trost sein, aber es ist trotzdem richtig, dass diese Erfahrung kaum jemandem erspart bleibt. R.E.M. haben diese Botschaft in ihren Songtext von „Everybody hurts" verpackt („When your day is long and the night, the night is yours alone, when you're sure you've had enough of this life, well hang on"); die britische Telefonseelsorge, die unter unzureichenden Personalressourcen und hohen Suizidraten unter jungen Männern litt, verwendete den Liedtext 1995 in einer Werbekampagne und den Song selbst auf ihren Anrufbeantwortern.

Dem Suizid, Todesursache Nummer eins unter Jugendlichen und jungen Erwachsenen, liegt häufig Liebeskummer zugrunde, den man ernst nehmen und nicht aus der vermeintlich überlegenen Warte der eigenen Lebenserfahrung belächeln sollte; nur wer emotional verkümmert ist, ist davor gefeit. Bei Erwachsenen ist die emotionale Reaktion bei ca. der Hälfte der unfreiwillig Getrennten so heftig wie beim Tod eines nahen Angehörigen und geht mit Suizidgedanken einher. Eine massive depressive Reaktion lässt sich übrigens auch bei Präriewühlmäusen beobachten, die lebenslange monogame Gemeinschaften bilden und auf das Verschwinden des Partners mit Apathie und Rückzug reagieren, Liebeskummer ist also wirklich ein ubiquitäres Phänomen. Pragmatisch betrachtet sollte man ihn wohl wie eine Krankheit behandeln, die eben ihre Zeit braucht, um auszuheilen. In der Erkrankungsphase ist der „kalte Entzug" vorzuziehen, keine „letzten Treffen", keine Telefonanrufe, keine Fotos, keine Erinnerungen, sondern möglichst viele erbauliche Sozialkontakte und Ablenkung, auch wenn man gerade keine besondere Lust dazu verspüren mag.

Vom rechten Maß

Wann sollte man sich also trennen? Wenn man den andern nicht mehr riechen kann (im wahrsten Sinn des Wortes; das Riechhirn ist einer der entwicklungsgeschichtlich ältesten Hirnabschnitte und lässt sich schlecht überlisten, hat aber fatalerweise Beziehungen zum limbischen System, das seinerseits für die Verarbeitung von Emotionen zuständig ist), wenn man in der Beziehung Gefahr läuft, seine Würde und Selbstachtung zu verlieren, wenn man vor sich selbst mit gutem Gewissen und Selbstkritik behaupten kann, alles zur Erhaltung der Beziehung Mögliche getan zu haben, wenn sich der Partner plötzlich wesentlichen eigenen Lebenszielen verweigert (zumeist geht es hier um Kinder) und wenn man sich absolut sicher ist, nachher besser leben zu können, auch wenn kein neuer Partner des Weges kommt. Um nochmals Helene Klaar (Interview im „Süddeutsche Zeitung Magazin" 6/2016) zu zitieren: „Wenn die Liebe nicht mehr da ist, ist das nur dann ein Scheidungsgrund, wenn man trotz Scheidung gut leben kann. Wenn man hungert und friert, finde ich nicht so wichtig, ob die Liebe noch so ist wie am ersten Tag. Ich bekenne mich dazu, nicht der Meinung zu sein, dass nur eine Ehe erhaltenswert ist, die perfekt glücklich ist."

Nicht banal ist die Sache mit der Würde: Da der Partner auch in der Vergangenheitsform immer Teil der eigenen Biografie bleibt, erweist man sich einen Bärendienst, wenn man diesen Teil nachträglich völlig demontiert, den Partner zu einem Monster an Gefühllosigkeit umdeutet und jedermann über seinen fiesen Charakter in Kenntnis setzt. Man könnte sich fragen, warum in aller Welt man dann so viel Zeit mit ihm verbracht, so viel in die Beziehung investiert und die Täuschung erst so spät erkannt hat. Unmittelbar nach der Trennung mag es wirklich eine Überforderung sein, dem anderen auch positive Anteile zuzugestehen, mit zunehmender zeitlicher Distanz sollte die Übung leichter gelingen. Es ist Teil des Repertoires einer reifen Persönlichkeit, sich mit Anstand in Würde trennen zu können.

Wohl wären manche Trennungen vermeidbar, wäre nicht die Erwartung an Beziehung so hoch und die Ent-Täuschung so heftig. Ein Zustand der „einfühlenden Identifikation, in dem ein anderer in liebender Zuneigung in seinem Wesen erfasst (er/sie hat mich erkannt) und in transzendierender Teilhabe mitgelebt" wird (Fritz Riemann), gleichzeitig aber alle Ebenen der eigenen Bedürftigkeit abgedeckt werden, ist wohl ein beileibe nicht immer erreichbares Ideal, sondern eher eine seltene glückliche Fügung mit viel eigenem Beitrag. Den anderen sozusagen in sich zu tragen ist auch eines der Merkmale tiefer und haltbarer Freundschaften und ein „wesentliches Merkmal aller Menschlichkeit". Keiner würde allerdings von einer Freundschaft die Lieferung umfassender Glückseligkeit erwarten, sie damit mit unerfüllbaren Erwartungen überfrachten und so ihr Scheitern vorprogrammieren. Nicht Glück, sondern das Streben danach zählt zu den Menschenrechten, und „Streben" impliziert immer eigene Anstrengung und unsichere Ergebnisse. Wo Individualisierung, Selbstverwirklichung und individuelles Glück zum höchsten Ideal erklärt werden, ist es allerdings nicht weiter verwunderlich, dass die Bedachtnahme auf andere abnimmt.

Wie immer ginge es darum, das rechte Maß zu finden. Beileibe nicht alles an der Betonung individueller Bedürfnisse, Wünsche und Erwartungen ist schlecht, manches aber doch bedenklich: Wir folgen begeistert dem Aufruf zur kontemplativen Nabelschau in diversen Selbstfindungsseminaren und jammern hingebungsvoll über unsere missliche Lage (die im Vergleich zur Lage des Großteils der Menschheit so misslich nicht ist). Wir sprechen vom „Zeitalter des Narzissmus“, beobachten eine Zunahme des kapitalistischen Egoismus und der Gekränktheiten, verorten überall Traumatisierungs- und Burnout-Potenzial und trennen uns weit öfter, als es unserer Gesundheit zuträglich ist.

Die Wucht der Rosenkriege

Krieg ist zuerst die Hoffnung, dass es einem besser gehen wird, hierauf die Erwartung, dass es dem anderen schlechter gehen wird, dann die Genugtuung, dass es dem anderen auch nicht besser geht, und hernach die Überraschung, dass es beiden schlechter geht.

KARL KRAUS

Frau F. lernte ihren späteren Mann während des Studiums kennen und war von ihm zutiefst beeindruckt: Keiner konnte so profund über sämtliche Themen reden wie er, keiner hatte ein derart sicheres Auftreten, keiner schien so unberührbar von den alltäglichen Widrigkeiten. Dass er sich ausgerechnet um sie bemühte, machte sie stolz und glücklich, die Beziehung kam rasch voran. Sie lernte seine Eltern kennen, offenbar gut situierte, soignierte Herrschaften, die einen großen, alten Gutshof bewohnten und schon bald davon sprachen, welch wunderbare Möglichkeiten Enkelkindern hier geboten werden könnten, inmitten der Natur, mit Hunden, Ponys und der schier unbegrenzten Freiheit eines großen Grundbesitzes. Dass Herr F. bald einmal sein Studium abbrach (weil es ihn einengte, wie er sagte, seine Interessen waren so vielfältig, dass er sich nicht auf ein

Gebiet festnageln lassen wollte), störte sie nicht sonderlich, er war ja wirklich unglaublich begabt und hatte auch schon einige Patente angemeldet. Gleich nach ihrem Studienabschluss wurde geheiratet, das erste Kind kam schon ein Jahr später, und es war natürlich jetzt sehr praktisch, dass ihr Mann in seiner Vaterschaft die Erfüllung zu finden schien. Wenn er bei gesellschaftlichen Anlässen nach seinem Beruf gefragt wurde, antwortete er stolz „Vater", er und sein Sohn waren ein Team, so sehr, dass sie sich gelegentlich als Außenseiterin vorkam.

Überhaupt hatte ihr Mann langsam, aber sicher, seinen Glanz eingebüßt: Sie konnte seine endlosen Monologe über alles und jedes kaum mehr ertragen, bei jedem Thema war er Experte und dozierte in Gesellschaft ungeniert vor sich hin, während die anderen schon gähnten und offenbar nur aus Höflichkeit nicht das Weite suchten. Danach erklärte er ihr, wie ungebildet/dumm/eingebildet heute Abend wieder alle gewesen seien; vor allem wenn sie sich mit jemandem länger als fünf Minuten unterhalten hatte, musste er ihr sicher nachher mitteilen, dass dieser Mensch kein passender Umgang sei, er wisse dies und das über dessen Familie, und auch über ihn habe er schon allerlei Schlechtes gehört. Ihre Freundinnen hatte er samt und sonders verjagt, weil er „dumme Menschen nicht ertragen" konnte, sogar bei ihren beruflichen Belangen mischte er sich ein und erklärte ihr, wie sie die Dinge anders erledigen sollte. Sie ergriff daher gerne die Gelegenheit, die sich durch eine zeitlich limitierte berufliche Versetzung bot, und übersiedelte für diese Zeit zu ihren Großeltern in ein anderes Bundesland, womit auch die Versorgung des Kindes gesichert war. Da er immer wieder betonte, wie unabkömmlich er auf dem elterlichen Gutshof war, erwartete sie nicht, dass er mehr als maximal die Wochenenden bei ihr verbringen würde, womit sie sich natürlich getäuscht hatte: Als hauptberuflicher Vater war er offenbar noch viel unabkömmlicher, weshalb die von ihr stillschweigend angedachte Trennung auf Zeit keine wurde. Sie wurde zu allem Übel sogar noch einmal schwanger, obwohl sie immer heftigere Zweifel an der Unauflöslichkeit ihrer Ehe hegte. Diesmal allerdings nutzte sie die volle Karenzzeit und stillte ihr Kind möglichst lange, um zumindest über diesen von ihm nicht besetzbaren Bereich in der Beziehung zum Kind fest verankert zu sein.

Da er weiterhin, nebenberuflich sozusagen, seinen diversen Interessen nachging (was er, wie er meinte, zum geistigen Überleben brauchte), meldete er auch wieder einmal ein Patent an und machte sich große Hoffnungen auf einen unglaublichen, bahnbrechenden Erfolg. Zuerst schien es, als ob sich seine Erwartungen auch erfüllen würden, eine weltweit agierende Firma zeigte Interesse, entschied sich dann aber doch gegen eine Kooperation. Zeitgleich bekam Frau F. ein Jobangebot, wieder in der Nähe ihrer Großeltern, und ergriff nun die Gelegenheit, ihren Mann mit ihren Trennungswünschen zu konfrontieren.

Womit sie nicht gerechnet hatte, war der Furor, der nun über sie hereinbrach: Herrn F. war sogleich klar, dass sie den Vertrag sein Patent betreffend hintertrieben hatte, sie wollte ihn vernichten, das war eindeutig, sie wollte ihn auf allen Ebenen demütigen, und das würde er nicht zulassen. Da er in seiner Argumentation immer heftiger wurde (und für sie immer unberechenbarer), bekam sie es mit der Angst zu tun, nahm die Kinder und beschloss, zu ihren Eltern zu fahren. Er folgte ihr auf die Straße, und als sie in ihr Auto stieg, stieg er in das seine und fuhr auf sie auf. Jetzt war aus ihrer Sicht das Maß mehr als voll: Dass er sie gefährdet hatte, hätte sie mit seiner Ausnahmesituation vielleicht noch entschuldigen können, dass er aber die ebenfalls im Auto sitzenden Kinder in eine solche Situation brachte (er, der sich doch immer als der perfekte Vater inszenierte), das ging zu weit. Frau F. erstattete Anzeige und brachte damit einen mehr als 15 Jahre dauernden Sorgerechtsstreit ins Rollen, dessen viele unschöne Facetten auch massive Drohungen gegen ihren späteren zweiten Mann, Suizidankündigungen, strafrechtliche Verurteilungen, Ankündigungen einer „Familientragödie" und vor allem massiv verunsicherte Kinder umfassten. Im Ergebnis erreichte Herr F. das, was er zu Beginn angekündigt hatte: Frau F. wurde ihres Lebens nicht mehr froh und musste feststellen, dass die „lebenslange" Qualität der Ehe auch durch eine Scheidung nicht immer verändert werden kann.

Trennungswünsche, vor allem wenn sie eher unerwartet vom Partner in den Raum gestellt werden, sind immer mit extremer Kränkung verbunden, weil sie eine nachhaltige

Erschütterung der Selbstdefinition durch einen bedeutsamen anderen darstellen. Wo man sich zuvor noch gebraucht, beheimatet, vielleicht sogar geliebt wähnte, wird nun mitgeteilt, dass man entbehrlich, verzichtbar und überflüssig ist und dass der andere sich sein weiteres Leben sehr gut ohne einen vorstellen kann. Diese Verschiebung der tektonischen Platten unserer Existenz entzieht uns zumindest für gewisse Zeit den Boden, wir stehen in der Welt wie ein Weichtier, dem plötzlich die Schale abhanden gekommen ist, wir verlieren das Grundgefühl der Geborgenheit und fühlen uns schutzlos, ausgeliefert und in unserem Vertrauen getäuscht. Was wir nun ganz dringend brauchen, ist Halt, irgendetwas, das Stabilität verspricht. Je nach Lebenssituation ist dieser Halt in Freundschaften zu finden, in der Ursprungsfamilie, in der beruflichen Kompetenz oder in Vereinen, und wenn nichts davon verfügbar ist, kann auch der Krieg gegen den treulosen Partner zur neuen Selbstdefinition und Sinnfindung dienen.

Bis dass der Tod uns scheide

Natürlich sind Narzissten, also Menschen, die blindlings von ihrer Unentbehrlichkeit und Großartigkeit überzeugt sind, besonders anfällig für die „Überraschung“ einer unerwartet angekündigten Trennung, weil sie, gänzlich auf sich selbst fixiert und unfähig, den anderen wahrzunehmen, die frühen Zeichen der Entfremdung nicht sehen. Natürlich sind aber Narzissten, die im Kern immer extrem selbstunsicher sind (wobei dieser Kern bisweilen so tief verborgen liegt, dass sie ihn selbst gar nicht mehr erkennen), auch äußerst anfällig für Angriffe gegen ihr Selbstbild und werden darauf mit einem Vernichtungswillen reagieren, dem jedes Maß abhanden gekommen ist. Wer so glücklos war in der Wahl seiner Partnerschaft, dass er sich mit einem narzisstisch Disponierten verbunden hat, sollte entweder beizeiten „kündigen" (anstatt auf Änderung und Einsicht zu hoffen, die nie kommen werden), sich für eine langwierige und außerordentlich belastende Trennungsphase wappnen oder darauf hoffen, dass der unfreiwillig Getrennte möglichst bald wieder einen neuen Bewunderer findet, der im Idealfall noch dazu attraktiver/reicher/erfolgreicher ist als der vormalige Partner.

Besonders schwierig ist die Situation dann, wenn Kinder involviert sind und der Partner sich auch über die Kinder definiert, wobei in Bezug auf diese Kinder weniger von „Liebe" als von Besitzdenken und „erweitertem Selbst" auszugehen ist. Die immer wieder medial als „Familientragödie" bezeichneten Tötungshandlungen am vormaligen Partner und/oder den gemeinsamen Kindern mit anschließendem Selbstmord(-versuch) des Täters sind zwar keine „erweiterten Suizide" im fachlichen Sinn (darunter versteht man vermeintlich altruistische Mitnahmetötungen eines abhängigen anderen in depressiver Realitätsverkennung und primär suizidaler Absicht), werden aber von den Tätern in Bezug auf die Kinder sehr wohl so empfunden, da diese nicht als eigenständige Menschen mit eigenen Rechten, sondern als Teil ihrer selbst wahrgenommen werden, über deren Leben sie genauso selbstverständlich verfügen können wie über ihr eigenes. Ein Mann, der im Rahmen der Trennung innerhalb von 30 Minuten seine Frau und die gemeinsamen vier Kinder im Schlaf erstach, gab nachher an, dass er seine Kinder doch keinem anderen überlassen habe können und ihnen außerdem eine „triste Zukunft" ersparen wollte: Da die Tötung der Frau als einzig passende Reaktion auf ihr Verhalten sozusagen unumgänglich war, wäre die Mutter ja tot und der Vater in Haft gewesen, und um ihnen das nicht anzutun, war es doch weitaus mitfühlender, sie ebenfalls gleich zu töten. Der eher halbherzig durchgeführte Suizid misslang in diesem Fall übrigens, weil der Mann nach der Anstrengung der fünf Morde zu schwach war, um sich selbst noch lebensbedrohlich zu verletzen.

Glücklicherweise sind „Familientragödien" sehr seltene Ereignisse: Auch wenn durch die meist intensive mediale Berichterstattung ein anderer Eindruck entstehen mag; auszugehen ist von 0,2 bis 0,3 Vorfällen pro 100.000 Einwohner pro Jahr für erweiterten Suizid, nur ein sehr kleiner Teil davon fällt in die Kategorie der primär beabsichtigten Kinds- oder Partnertötung.

Du entkommst mir nicht

Wesentlich häufiger ist ein Verhalten, das als „Stalking" bekannt und unter dem Begriff der „beharrlichen Verfolgung" strafrechtlich erfasst wurde. Es wird angenommen, dass die Dunkelziffer relativ hoch ist und dass ein Viertel aller Frauen (und zehn Prozent aller Männer) im Laufe ihres Lebens irgendwann zum Opfer eines Verhaltens werden, das wiederholte unerwünschte Kontaktaufnahme umfasst, aber auch Diffamierungen, verbale Drohungen und manifeste Aggression beinhalten kann. Laut einer 2008 von der Universität Wien durchgeführten Studie berichteten elf Prozent der Teilnehmer von eigenen Stalking-Erfahrungen, wobei 86 Prozent der Opfer weiblich und 81 Prozent der Täter männlich waren. Der Großteil der Frauen (88 Prozent) wurde von Männern gestalkt, in 40 Prozent der Fälle war der Täter ein vormaliger Intimpartner, was mit anderen Studien, in denen ca. die Hälfte der Opfer von Verflossenen verfolgt wurde, gut übereinstimmt. Ihr Ziel, den kränkenden Partner nachhaltig zu bestrafen, erreichen die Täter dabei relativ gut: Bei der Hälfte der Betroffenen treten krankheitswertige Symptome auf, zumeist unspezifische körperliche Beschwerden wie Kopfschmerzen oder Magenbeschwerden, aber auch generalisierte Angst, Schlafstörungen, Gereiztheit und Depressionen können auftreten. Dazu kommt eine Einschränkung der Lebensführung durch Vermeidungs- oder Kontrollverhalten, das Opfer fixiert sich, so wie der Täter dies auch beabsichtigt, immer mehr auf den Verfolger. Es ist nicht einfach, in so einer Situation „das Richtige" zu tun: In Deutschland hat sich die sogenannte „Gefährdungsansprache" als relativ erfolgreich erwiesen, indem diese polizeiliche Reaktion immerhin 80 Prozent der Täter, die sich selbst eigentlich als Opfer wahrnehmen und ihr Verhalten meist gar nicht als strafrechtlich relevant betrachten, von ihrem Verhalten abbringt. Die Kehrseite der Medaille ist allerdings, dass manche durch polizeiliches Eingreifen erst recht zum Handeln aufgestachelt und in ihrer Wut verstärkt werden, was mit einer Position der radikalen Verwerfung („jetzt ist eh schon alles egal") und einer Eskalation der Situation verbunden sein kann. In Österreich zählt die beharrliche Verfolgung zu den Offizialdelikten, d.h. dass die Staatsanwaltschaft nach Bekanntwerden mit oder ohne Einwilligung des Opfers aktiv wird. Dieses kann zivilrechtlich eine einstweilige Verfügung beantragen, die dem Stalker jeden weiteren Kontakt untersagt.

Schmutzkübelkampagnen

In der Vielzahl der konflikthaften Trennungen ist Stalking allerdings ein seltenes Phänomen. Die bei Weitem gängigste Form der Kriegführung beschränkt sich auf die Diffamierung des vormaligen Partners, d.h. auf Versuche, das vormals gemeinsame Umfeld durch ausführliche Schilderungen seiner Schandtaten für sich und gegen ihn einzunehmen. Abgesehen davon, dass das die unbeteiligten anderen in eine unangenehme Situation, wenn nicht in einen Loyalitätskonflikt bringt, offenbart man mit dieser Methode vor allem ein ziemlich problematisches Beziehungsverständnis: So wie eine Intimbeziehung selbst sich auch dadurch definiert, dass es in ihr eben „Intimität" gibt (und damit ist bei Weitem nicht nur die körperliche Intimität gemeint, sondern ganz wesentlich auch die besondere Intimität der Kommunikation zwischen zwei besonders verbundenen Menschen), so ist auch eine Trennung in erster Linie eine Angelegenheit, die sich zwischen den beiden Betroffenen abspielt und beileibe nicht das Involvieren möglichst vieler anderer erfordert. Es gibt, abgesehen von dem Bedürfnis nach Rache, keinen einzigen denkbaren Grund, warum Außenstehende zum Trennungszeitpunkt in sämtliche Details der zunehmenden Zerrüttung eingeweiht werden müssten, warum man nun möglichst viele Bekannte und Freunde über plötzlich zutage getretene Charaktermängel des vormaligen Partners informieren sollte oder warum man anderen gar eine Positionierung in der strittigen Causa abverlangen müsste („Wer nicht für mich ist, ist gegen mich"). Manche mögen anfangs noch gespannt den deftigen Schilderungen lauschen und sich in voyeuristischer Empörung üben; wenn sich die Sache zu lange zieht und redundant wird, wird der Ankläger allerdings schnell langweilig und wird gemieden werden, was ziemlich genau zum Gegenteil von dem führt, was er erreichen wollte: Anstatt mit einem Tross Empörter im Schlepptau auf das Schlachtfeld der Trennung zu ziehen und den nunmehrigen Gegner schon mit der schieren Übermacht der Gefolgschaft und der geballten moralischen Überlegenheit zu demütigen, steht man unversehens alleine da und hat sich bei den meisten als mühsamer oder langweiliger Gesprächspartner zu erkennen gegeben. Die wenigen, die auch nach monatelangen Schilderungen diverser partnerschaftlicher Verfehlungen noch immer nicht genug gehört haben, sind meist die, die man in so einer Situation unbedingt meiden sollte, weil sie die ohnehin schon belastende Lage durch immer neue eskalierende Ratschläge („Das kannst du dir jetzt aber nicht gefallen lassen, also ich an deiner Stelle würde jetzt sofort …“) weiter am Kochen halten. Aktionismus ist in dramatischen Lebenslagen meist kontraproduktiv; weit günstiger wäre es, die der Entscheidungsphase folgende formale Trennungsphase mit besonnenen Ratgebern zu durchlaufen und sich nicht in Handlungen treiben zu lassen, für die man sich später eventuell schämt.

Ein besonders breites Betätigungsfeld für rachsüchtig-gekränktes Agieren bietet das formale Trennungsverfahren einer Scheidung. Helene Klaar, eine der erfahrensten Scheidungsanwältinnen Österreichs, die 2004 für ihre „besonderen Verdienste um Frauen im Scheidungsfall“ mit dem Wiener Frauenpreis ausgezeichnet wurde, sieht Vorteile in der dreijährigen Trennungsphase, die der Scheidung vorangehen muss, wenn einer der beiden Beteiligten nicht von vornherein dem Scheidungswunsch des anderen zustimmt: Die akute Kränkung ist zumeist vorbei, man kann sich nun mit allem gebotenen Pragmatismus auf das Wesentliche konzentrieren. Rosenkriege kosten Zeit, Energie und oft auch sehr viel Geld und werden daher mit Vorliebe von denjenigen betrieben, die davon sehr viel oder sehr wenig haben. Es spricht für das Überwiegen der Besonnenheit, dass der Großteil der geschiedenen Ehen (immerhin 46 Prozent der geschlossenen Ehen), wenn schon nicht zwingend mit guten Wünschen, so doch mit vernünftigen Regelungen und halbwegs erträglichen Umgangsformen endet. Es spricht aber auch dafür, dass die Mehrheit der Betroffenen in der Lage ist, Kränkungen zu relativieren und sich neu zu organisieren.

Wem die Desaktualisierung nicht gelingt, wer also nicht mit zunehmendem zeitlichen Abstand auch inneren Abstand zur Trennungskränkung erlangt, wer sich also immer verbitterter darin verbeißt und sie zu einem lebensbestimmenden Thema werden lässt, dem stehen natürlich im Rahmen des Scheidungs- oder Trennungsverfahrens unzählige Möglichkeiten offen, den ehemaligen Partner für seine Geringschätzung büßen zu lassen und dafür zu sorgen, dass er diese Ehe sicher nie wirklich als vergangen betrachten kann.

Missbrauchte Kinder

Außerordentlich bitter ist eine solche innere Haltung, wenn Kinder zu versorgen sind, die ja zwingend immer die Kinder beider Elternteile bleiben. Die Bindungstoleranz ist eine wesentliche Komponente der Erziehungsfähigkeit und bezeichnet die Akzeptanz der Tatsache, dass Kinder nicht von einem Elternteil geschieden werden und ein Recht haben auf die Fortführung ihrer Beziehung mit Vater und Mutter. „Ich werde ihm mein Kind sicher nicht geben, nachdem er mich verlassen hat", war die Position einer Mutter in einem erbittert geführten Obsorgeverfahren, und sämtliche Versuche, ihr zu erklären, dass es sich hier nicht um „mein Kind" im Sinne eines Besitzanspruchs handelt, sondern dass das Kind als eigenständige Person ein Recht auf beide Elternteile hat, unabhängig davon, ob sich diese beiden nun vertragen oder nicht, scheiterten an ihrem dringenden Bedürfnis, sich mit allen ihr zur Verfügung stehenden Mitteln am Partner für die Trennung zu rächen. Die Behinderung des Besuchsrechts (auch dies nicht in erster Linie ein Recht des Elternteils, sondern ein Recht des Kindes) ist nur eine von mehreren Möglichkeiten, den getrennten Partner zu bestrafen (und das Kind gleich mit, wobei viele erstaunlicherweise gar nicht auf die Idee kommen, dass sie hier relevante Kollateralschäden an Unschuldigen verursachen).

Als sehr effizient erweisen sich auch Anzeigen wegen vermeintlicher Drohung, deretwegen die besorgte Mutter natürlich dem Vater das Kind wegen Gefährdung des Kindswohls unmöglich aushändigen kann. In der Distanz zum Kindsvater ist es in der Regel nicht so schwer, auf ein durch die Turbulenzen der Trennung sowieso verunsichertes Kind mehr oder weniger subtil-manipulativ einzuwirken und den Kontakt zum Vater als entbehrlich bis schädlich darzustellen. Wenn das Kind dann in seiner Hilflosigkeit Verhaltensauffälligkeiten zeigt, steht sicher eine hilfreiche, „therapeutisch" agierende Person zur Verfügung, die beim Kind eine ausgeprägte posttraumatische Verhaltensstörung feststellt, diese auf den (künftig unbedingt zu meidenden) Kontakt mit dem Vater zurückführt und darüber bereitwillig ausführliche Stellungnahmen zur Vorlage bei Gericht verfasst (die freilich den Makel haben, dass sie auf einer rein einseitigen Darstellung beruhen). Die Intensität der furiosen Diffamierung kann durch Misshandlungsvorwürfe noch gesteigert werden („Nach jedem Besuch beim Vater war er voller blauer Flecken", „… völlig ausgehungert", „… verkühlt und nicht der Witterung entsprechend gekleidet").

Das unschlagbare Knock-out-Argument sind allerdings Missbrauchsvorwürfe, die derzeit eine Hochkonjunktur erleben. Bei der Zürcher Justiz, wo man die einschlägige Entwicklung untersucht hat, geht man von einer 40-prozentigen Zunahme solcher Vorwürfe seit 1995 aus, eine Zunahme, die nicht nur auf die erhöhte Sensibilität für das Thema Missbrauch zurückzuführen sei. Laut einer Untersuchung von Burkhart Schade, Professor an der Juridischen Fakultät der Universität Dortmund, konnte der in Obsorgeverfahren erhobene Missbrauchsverdacht bei nicht einmal zehn Prozent der von ihm untersuchten 250 Fälle bestätigt werden bzw. wurden die Vorwürfe mehr oder weniger gezielt zur obsorgerechtlichen Ausschaltung des Vaters erhoben und waren nicht realitätsfundiert. Der Vorwurf ist von unvergleichlicher, erbarmungsloser Effizienz, hat er doch eine außerordentliche soziale Femewirkung und zieht vor allem ein promptes Kontaktverbot zum Kind nach sich, das bis zur strafrechtlichen Klärung der Vorwürfe aufrecht bleibt. Eine solche Klärung kann durchaus ein Jahr oder länger dauern, und in diesem Zeitraum verbleibt das Kind bei der Mutter bzw. ist einer sehr einseitigen Einflussnahme ausgesetzt, sodass die schließlich bestehende Entfremdung vom Vater auch dann, wenn sich die Anschuldigungen als haltlos erweisen, eine Übertragung der Obsorge an die Mutter sehr begünstigt.

Ein weiterer tragischer Aspekt des familiären Dramas liegt darin, dass nur wenige derjenigen Mütter, die falsche Anschuldigungen erheben, dies bewusst und in faktisch verleumderischer Absicht tun. Die meisten nehmen an ihrem Kind (nach Besuchskontakten beim Vater) Veränderungen wahr und kommen nicht auf die naheliegende Idee, dass sich das Kind erst in einer ungewohnten und aus Sicht des Kindes unnatürlichen Situation zurechtfinden muss. Die Suche nach Gründen (wie Umberto Eco formuliert, gibt es für jedes komplexe Problem eine einfache und falsche Lösung) endet bisweilen rasch bei einem Thema, das aktuell sozusagen „in der Luft liegt" und allenthalben als Erklärung für Auffälligkeiten und Störungen jeglicher Art herangezogen wird, nämlich beim Verdacht auf Missbrauch. Mit der entsprechenden inneren Haltung finden sich dann auch leicht „Indizien" für den Verdacht (das Kind greift sich selbst/anderen Kindern auf den Genitalbereich, das Kind verwendet sexuell konnotierte Wörter, die es „nur beim Vater gehört haben kann"). Der Verdacht wird zur Gewissheit, alternative Gründe für Auffälligkeiten werden gar nicht mehr gesucht, das Unheil nimmt seinen Lauf.

Laut Vreny Schaller, Leiterin der Fachstelle Kinderschutz Luzern, ist die Gefahr, dass Mütter sich in die Missbrauchsidee hineinsteigern und systematisch nach Beweisen suchen, umso größer, je isolierter die Mutter in der Trennungssituation ist und je mehr Schlechtes sie dem vormaligen Partner aus ihrer eigenen Trennungsperspektive zutraut. Wenn diese Mütter den Verdacht dann aussprechen, das Kind zum Therapeuten oder zur Begutachtung zerren und Anzeige erstatten, sind sie schließlich selbst von der Richtigkeit ihrer Vorwürfe überzeugt und werden diese Überzeugung auch dann nicht ablegen, wenn das Ermittlungsverfahren eingestellt wird oder das Strafverfahren mit einem Freispruch endet.

Frau W. heiratete erst mit 38 Jahren nach kurzer Bekanntschaft und wurde sehr bald danach schwanger. Ebenfalls bald kam es zu immer heftigeren Konflikten mit ihrem Mann, da sie sich weiter, so wie bisher, hauptsächlich an ihren Eltern orientierte und keine rechte „eheliche Gemeinschaft" aufkommen wollte. Der Mann erlebte sich als geduldetes Anhängsel ihrer Herkunftsfamilie, auch in der Erziehung des Kindes hatte er nichts zu sagen, alles wurde von ihr nach Rücksprache mit Vater oder Mutter entschieden. Die Ehe wurde denn auch nach zwei Jahren wieder geschieden, was beiden recht war: Er hatte resigniert und glaubte nicht mehr daran, dass seine Frau noch irgendwann mit ihm ein eigenes Familienleben führen würde, sie verlor bei der Scheidung (aus ihrer Sicht) nichts außer einem Unruhestifter, der sich partout in die gut funktionierende Gemeinschaft mit ihren Eltern drängen wollte.

Streitpunkt wurde allerdings sehr bald das Kind. Der Mann ging ursprünglich davon aus, dass es wohl eine vernünftige Besuchsregelung geben würde, musste aber bald erleben, dass seine vormalige Frau ihn in jeder Hinsicht entbehrlich fand und seine Besuchswünsche als unzulässige Übergriffe in ihren Privatbereich empfand. Der bald einmal pflegschaftsgerichtlich anhängige Streit eskalierte, der Vater bekam sein Kind trotz Besuchsrecht fast gar nicht mehr zu sehen, weil der Sohn entweder just zum vereinbarten Besuchszeitpunkt krank war, weil keiner zu Hause war, wenn er das Kind abholen wollte, weil die Mutter dringend (mit

Kind) verreisen musste ... die Gründe waren so endlos wie fadenscheinig.
Als der Sohn vier Jahre alt war, meldete die Mutter erstmals bei Gericht „besorgniserregende Beobachtungen“: Der Sohn interessiere sich plötzlich außerordentlich für Bananen, das habe er zuvor nie getan, und dann nehme er auch noch eine Banane, stecke sie sich zwischen die Beine und riefe „hüh-hott“! Sie nahm auch gleich Kontakt mit einer Kindertherapeutin auf, die die Zeichen an der Wand genauso klar und eindeutig zuordnete wie sie selbst: Das Kind war offensichtlich vom Vater missbraucht worden. Das Gericht stellte umgehend die Besuchskontakte zum Vater ein und begann mit der langwierigen Klärung der Vorwürfe. Derweil wurde der Sohn immer auffälliger, er zeigte sich im Kindergarten aggressiv, verweigerte gar den Kindergartenbesuch (laut Mutter, weil er Angst hatte, dort vom Vater entführt zu werden) und musste schließlich den Kindergarten verlassen, weil er dauernd andere Kinder verprügelte, zwickte und biss.
Eine Reihe von Gutachtern mühte sich ab mit der Frage, ob beim Kind Anzeichen eines erlebten Missbrauchs festzustellen seien bzw. ob das Kind eigene Angaben zu etwaigen Vorfällen machen könne. Auffällig war, dass der Kleine gar nichts sagte, wenn die Mutter dabei war, dass er zwar anfangs fürchterlich schrie, wenn man die Mutter aus dem Zimmer schickte, dass er sich aber bald beruhigte und dann altersgemäß neugierig und relativ unbefangen mit der Situation umging. Jeder Gutachter wurde schon vorab von der Mutter mit reichlich Stel-

lungnahmen von von ihr beigezogenen Therapeuten und Psychologen versorgt, die allesamt ihre Angaben als Fakt werteten, im auffälligen Verhalten des Sohns den „Hilfeschrei eines missbrauchten Kindes" erkannten und von einem „eindeutigen sexuellen Missbrauch" sprachen. Die nicht von der Mutter beauftragten Gutachter kamen schließlich allesamt (nach diversen Einsprüchen und Befangenheitsanträgen der Mutter) zum Schluss, dass das Kind deutliche Verhaltensauffälligkeiten zeige, dass die Mutter mit ihrem Sohn eine symbiotische Beziehung anstrebe, dass sie ihm keine Grenzen setze und dass sie sämtliche anderen Kontaktpersonen (mit Ausnahme ihrer eigenen Eltern) sukzessive eliminiere, dass sich aber keinerlei Hinweise auf einen erlebten Missbrauch feststellen ließen.

Das einschlägige Verfahren wurde nach zwei Jahren eingestellt, das Obsorgeverfahren ging in die nächste Runde. Nun wurden beide Elternteile begutachtet mit dem Ergebnis, dass der Vater zwar eher pragmatisch und nicht überaus emotional, aber durchaus erziehungsfähig war, dass bei der Mutter aber mit einiger Wahrscheinlichkeit eine ziemlich auffällige Persönlichkeitsstruktur vorlag, die die Erziehungsfähigkeit zwar einschränkte, aber nicht gänzlich aufhob. Was den Sohn betraf, so war dieser in den letzten Jahren ausschließlich bei seiner Mutter aufgewachsen, ohne den geringsten Kontakt zum Vater, hatte keine eigene Erinnerung an den Vater und wusste von diesem nur das, was die Mutter (immer noch überzeugt vom Missbrauch und entsetzt über das „Fehlurteil" des Gerichts) über ihn erzählte, und das war nur das Schlimmste. Da abzusehen war, dass die Ausübung des väterlichen Besuchsrechts nur neuerliche Eskalationen auslösen würde und da angenommen wurde, dass das Kind nach den schier endlosen Streitereien zwischen beiden Elternteilen nun vor allem Ruhe und Stabilität benötigte, wurde die Obsorge schließlich nur der Mutter übertragen, der Vater hatte keine Kontaktmöglichkeit mehr zu seinem Kind.

Der Sohn entwickelte sich im Übrigen weiter zunehmend auffällig und wurde immer wieder in verschiedenen Behandlungseinrichtungen vorgestellt, die selbst Jahre später alle Verhaltensprobleme des Kindes auf „massive Erziehungsdefizite und Übergriffe des Vaters" zurückführten, dies, obwohl das Kind zu diesem Zeitpunkt den Vater schon jahrelang nicht mehr gesehen hatte. Die Mutter selbst war überdauernd vom väterlichen Missbrauch überzeugt.

Die sogenannten „Wormser Prozesse", mehrere Verfahren, die in die deutsche Rechtsgeschichte eingegangen sind und (in Deutschland) die Einführung von Standards in der Glaubhaftigkeitsbegutachtung bewirkt haben, hatten ihren Ursprung in einem erbitterten Trennungskrieg. Es handelte sich um drei Strafprozesse, die zwischen 1993 und 1997 geführt wurden. Angeklagt waren 25 Personen aus der Gegend von Worms, Gegenstand der Anklage war ein massenhafter Kindesmissbrauch im Rahmen eines Kinderpornorings, alle Beschuldigten wurden schließlich freigesprochen. Auslösend war die Anzeige einer Frau im

Scheidungsverfahren, die eine grimmige Feindschaft der beiden Herkunftsfamilien zur Folge hatte. Die Kinder des vormaligen Paares lebten zu dieser Zeit bei der Großmutter, die sich an eine Art Opferschutzverein um Hilfe wandte; dort griff man die Vermutungen nachgerade begeistert auf, veranstaltete suggestive Befragungsorgien und fand „Beweise" für massenhafte Missbrauchshandlungen, die, nach entsprechender Vorab-Information, von einem Kinderarzt bestätigt wurden. Vermeintlich betroffen waren schließlich 16 Kinder und 25 Beschuldigte, der aufgedeckte „Skandal" fand ein enormes Medienecho (auch in üblicherweise seriösen Printmedien wurden die Vorwürfe als Fakten gehandhabt).

Die drei Hauptverhandlungen (an 131 Verhandlungstagen) gerieten zu einer ideologischen Schlammschlacht zwischen „blindwütigen Feministinnen" bzw. reichlich hysterisch agierenden, selbsternannten Weltverbesserern und denjenigen, die sich eher an den Fakten orientierten. Letzteren fiel auf, dass manche Kinder zu den angeblichen Tatzeitpunkten noch gar nicht geboren waren, andere Beschuldigte saßen zum Zeitpunkt ihrer angeblichen Verbrechen bereits in Untersuchungshaft, seriöse Gutachten stellten massiv suggestive Befragungsmethoden und widersprüchliche Aussagen fest. Im Ergebnis kam es in allen 25 Fällen zu einem Freispruch. Der Vorsitzende Richter Hans E. Lorenz stellte in seiner Abschlusserklärung fest: „Den Wormser Massenmissbrauch hat es nie gegeben", „bei allen Angeklagten, für die ein langer Leidensweg zu Ende geht, haben wir uns zu entschuldigen". Nichtsdestotrotz waren die Mitarbeiter des Opferschutzvereins nach wie vor von der Richtigkeit all ihrer Anschuldigungen überzeugt (und sind es wohl heute noch).

Das Verfahren hinterließ einen umfangreichen Scherbenhaufen: Die ebenfalls irgendwann beschuldigte Großmutter starb in Untersuchungshaft, manche waren fast zwei Jahre in Haft, mehrere Ehen zerbrachen, die Existenz einiger Angeklagter und mehrerer Familien wurde zum Teil auch durch die hohen Anwaltskosten völlig zerstört. Die Kinder wuchsen derweil größtenteils in Heimen auf und kehrten erst nach und nach zu ihren Eltern zurück. Sechs Kinder, darunter die aus dem Scheidungskonflikt, der die Verfahren ausgelöst hatte, kehrten überhaupt nicht zurück, da sie völlig von ihren Eltern entfremdet waren. Die meisten dieser Kinder glauben bis heute, dass ihre Eltern sie sexuell missbraucht hätten.

Besitzstörungsklage

Die begründete wie die unbegründete Eifersucht vernichtet diejenige Würde, derer die gute Liebe bedarf.
Gottfried Keller

Herr M. wuchs inmitten einer großen Kinderschar in Portugal auf und wurde eher von den Geschwistern als von den überforderten Eltern aufgezogen. In der Schule tat er sich schwer, und auch sonst war er eher ein Außenseiter, nicht zuletzt deshalb, weil seine Eltern einer Religionsgemeinschaft angehörten, die allerlei eigenartige Ge- und Verbote kannte, wodurch er mit den anderen oft nicht mithalten konnte. Die berufliche Orientierung war ebenfalls alles andere als einfach, was diesmal aber mit der hohen Arbeitslosigkeit in seinem Heimatort zusammenhing. Herr M. ergriff deshalb sofort die Gelegenheit, als ihm ein Verwandter, der schon vor vielen Jahren nach Österreich gekommen war, anbot, ihm hier eine Stelle zu besorgen. Aus der Stelle wurde dann zwar nichts, aber Herr M. konnte sich als selbständiger Bauarbeiter mehr schlecht als recht etablieren und lebte von der Hand in den Mund bzw. von den Aufträgen, die ihm sein guter Ruf als zuverlässiger, fleißiger Arbeiter einbrachte.

Gelegentlich, vor allem zu den Feiertagen, fuhr er für ein oder zwei Wochen nach Portugal. Bei einem dieser Heimaturlaube lernte er ein Mädchen kennen, verliebte sich und unterhielt mit ihr über mehrere Monate eine Fernbeziehung. Schon bald folgte sie ihm in Erwartung eines besseren Lebens nach Österreich, wo beide mehrere Jahre zum großen Missfallen seiner Eltern zusammenlebten: Nicht nur, dass sie nicht verheiratet waren, die Frau gehörte auch nicht derselben Religionsgemeinschaft an. Ihre Freunde und Verwandten berichteten später, dass Herr M. seine Partnerin von Beginn an eifersüchtig überwachte und manchmal auch schlug, er selbst beschrieb eine harmonische, konfliktfreie Beziehung.

Der erste Bruch kam, als sie über Heimweh klagte und von ihm auf einen längeren Urlaub nach Hause geschickt wurde: Sie kam nicht zum vereinbarten Zeitpunkt zurück. Herr M. erfuhr von seinen Angehörigen, dass sie einen anderen Mann kennengelernt hatte und nun mit diesem zusammen war, wobei die Verwandten eher erleichtert waren, dass die unpassende Verbindung gelöst schien. Außerdem hatte sie sich mit diesem neuen Freund als so unanständig und unmoralisch erwiesen, wie sie sowieso immer vermutet hatten, der Mann war nämlich verheiratet, deutlich älter und deutlich vermögender als Herr M. und sie mehr oder weniger seine Konkubine. Herr M. hatte sich kaum über den Verlust getröstet, als der Nebenbuhler ihn anrief und erzählte, dass die Freundin nur von ihm rede und ihn furchtbar vermisse, er solle sie abholen kommen. Ihm war klar, dass das eine Geschichte war, um die Frau loszuwerden, vermutlich hatte die Ehefrau genug von den schlampigen Verhältnissen, aber als die Freundin ihn dann anrief und von einem „schrecklichen Fehler" sprach, weinte und zu ihm zurück wollte, fuhr er wirklich nach Portugal und holte sie ab. Er vermied es aber tunlichst, seine Familie über die Wiedervereinigung zu informieren. Trotzdem bekam sein Vater Wind von der Sache und stellte den Sohn zur Rede: Wenn eine Frau ihren Mann betrüge, müsse man sie aus Haus und Herz verbannen und dürfe nicht mehr mit ihr zusammengehen.

Herr M. entschied sich für seine Freundin und gegen seine Familie, weshalb ihr erneuter Betrug ein Jahr später (derselbe Mann, dieselbe Geschichte) ihn besonders hart traf. Da hatte er sich ihretwegen mit seiner Familie völlig überworfen, und jetzt ließ sie ihn wieder alleine sitzen. Weil ihm seine eigene Dummheit peinlich war und weil er sich die väterlichen Predigten nicht anhören wollte, brach er den Kontakt zu sämtlichen Bekannten in der portugiesischen Community ab und verlor damit seine gesamten privaten Kontakte. Abend für Abend saß er nun dumpf brütend zu Hause und war richtiggehend glücklich, als sie ihn wieder anrief, sich wieder entschuldigte und ihn bat, zurückkommen zu dürfen, sie habe erkannt, dass sie ohne ihn nicht leben könne. Er willigte ein, gab aber später an, dass er ab diesem Zeitpunkt keinerlei Vertrauen mehr zu ihr gehabt habe, umso weniger, als sie weiterhin, auch in Österreich, mit dem Kerl telefonierte und dessen Frau in anrief und ihm den guten Rat gab, auf seine Freundin „aufzupas-

sen", die mache sich nämlich immer noch telefonisch an ihren Mann heran und hoffe, dass er sich ihretwegen scheiden lasse (was er natürlich nicht tun werde, dafür werde sie schon sorgen).

Die Situation war eigentlich unhaltbar geworden, er kontrollierte ihr Handy, er kontrollierte jeden Schritt, den sie machte, sie beschwerte sich bei allen Bekannten darüber und machte ihn lächerlich, zu Hause wurde nur mehr gestritten. Dann machte sie den Vorschlag, in eine andere, größere Wohnung zu ziehen und „neu anzufangen", dann könne auch ihr Bruder nach Österreich kommen, den könne er ja auf seine Baustellen mitnehmen. Zu diesem Zeitpunkt waren seine Aufträge schon recht spärlich bzw. arbeitete er mehr und mehr ohne Rechnungslegung (wie es die Kunden verlangten) und hatte Angst, bald einmal vom Finanzamt erwischt zu werden. Deshalb hatte er auch zugesagt, sich in der Firma eines Bekannten anstellen zu lassen, eine Firma, in der auch ein Verwandter der Freundin arbeitete. Die Freundin nahm ihm seine Weigerung, ihren Bruder nach Österreich zu holen, sehr krumm und meinte, dass er aus reiner Bosheit seine Selbständigkeit aufgeben wolle.

Als er eines Abends nach Hause kam, war sie weg. Später erfuhr er, dass sie schon Wochen davor gemeinsam mit einer Arbeitskollegin den Mietvertrag für ihre neue Wohnung unterschrieben hatte. Er telefonierte ihr nach, zigmal am Tag, sie wechselte ihre Telefonnummer, er passte sie an ihrer Arbeitsstelle ab, sie lachte ihn aus und meinte gleichzeitig, dass sie ja vielleicht eh wieder zurückkommen werde. Herr M. begann, ernsthaft über eine endgültige, unwiderrufliche Trennung nachzudenken, und wurde darin von seinem mittlerweile ebenfalls in Österreich aufhältigen Bruder unterstützt. Beide waren sie sich einig, dass er zu gut war für diese Frau und dass die ihn gar nicht verdient habe. Er hörte wirklich auf, ihr nachzuspionieren, verbrachte mehr Zeit mit den neuen Arbeitskollegen und begann sich ganz langsam von ihr zu distanzieren. Es gab ja auch andere Frauen, vielleicht waren die ehrlicher und treuer.

Plötzlich war sie wieder da. Sie stand abends unter seinem Fenster, rief seinen Namen, weinte und meinte, dass sie ihn nicht vergessen könne, es war zum Verrücktwerden. Diesmal zogen sie aber nicht mehr zusammen, sie sahen sich gelegentlich, sie lud ihn zu ihrer Geburtstagsfeier ein (wo sie mit einem anderen schmuste) und meinte, er könne ja gehen, wenn es ihm nicht passe. Er sagte ihr vor allen Gästen seine Meinung („Eine Woche, nachdem du mit mir geschlafen hast, sitzt du jetzt auf dem Schoß eines anderen") und beschloss, dass es jetzt genug war.

Einige Monate später (er hatte keinen Kontakt mehr zu seiner ehemaligen Freundin) lernte er eine andere Frau kennen, die wirklich mit ihm zusammen sein wollte. Prompt tauchte die Ex wieder auf, rief ihn an, wollte sich mit ihm treffen, rief die neue Freundin an und erzählte ihr, dass er immer noch ein Verhältnis mit ihr habe, kurz, sie tat aus Sicht von Herrn M. alles, um die neue Beziehung zu hintertreiben. Die Neue meinte, dass es so nicht weitergehen könne, er wollte eine

Woche Auszeit, um sich alles zu überlegen. Nach dieser Woche meldete er sich bei keiner der beiden Frauen, traf dann aber die Neue zufällig in der Stadt und kam wieder mit ihr zusammen, halbherzig nur, so halbherzig, dass die Frau selbst bald darauf die Beziehung beendete. Herr M. war allein und nun fest überzeugt, dass er nie über die Trennung von seiner „großen Liebe" hinwegkommen werde. Wieder distanzierte er sich von allen Bekannten, auch von den Arbeitskollegen, verbrachte alle Abende und alle Wochenenden alleine und wurde immer verschrobener.
Dann erfuhr er zufällig, dass die „Frau seines Lebens" einen neuen Freund hatte, den Bruder eines Arbeitskollegen, und dass die beiden heiraten wollten. Da arbeitete er Tag für Tag neben diesem Menschen, und der verheimlichte ihm diese Information! Herr M. war überzeugt, dass auch sein in Österreich wohnender Bruder Bescheid wusste, alle wussten sie Bescheid, nur er nicht, nur ihn hatte man außen vor gelassen und – wieder einmal – für dumm verkauft. Herr M. brach die sowieso spärlichen Kontakte zu seinem Bruder völlig ab und verbrachte seine gesamte Freizeit in seiner Wohnung, wo er über Facebook alles verfolgte, was sich zwischen den „Verrätern" so abspielte. Unerträglich waren die Fotos einer offenbar glücklichen Frau im Arm eines anderen, eine Verhöhnung waren die Glückwünsche seiner ehemaligen Freunde zur Verlobung des Paares.
Sein Leben war reduziert auf Arbeit und Gedanken an die Ex-Freundin, und irgendwie kam ihm das selbst nicht mehr normal vor: Er wollte sie ja vergessen, er

wusste nur nicht, wie er das anstellen sollte. Es war ihm völlig klar, dass das keine vorteilhafte Entwicklung war, die sich bei ihm abspielte, er verstand auch, warum ihn andere für seltsam zu halten begannen und immer mehr ablehnten. Am allerwenigsten konnte Herr M. den Gedanken ertragen, dass sie so glücklich und er so unglücklich war, und was er auf keinen Fall wollte, war, dass sie von seinem Unglück erfuhr: Herr M. ging zu seinem Chef und verlangte, dass der den künftigen Schwager der ehemaligen Freundin kündigen solle, er wolle nicht mehr mit diesem zusammenarbeiten. Der Chef vermutete richtig, dass dieser Wunsch irgendetwas mit der leidigen Beziehungsgeschichte zu tun hatte (über die sowieso schon alle Bescheid wussten), und sah nicht ein, warum er einen guten Arbeiter, den er dringend brauchte, hinauswerfen sollte, nur weil ein anderer Arbeiter eine Trennung nicht verkraftet hatte. Herr M. sah darin keine pragmatische Entscheidung, sondern einen weiteren Verrat, und war nun felsenfest überzeugt, dass sein gesamtes Leben unrettbar verpfuscht war: keine Frau, keine Familie, keine Freunde, keine Aussichten.

Herr M. begann, über Selbstmord nachzudenken, kam aber dabei immer wieder zum Schluss, dass die Ex-Freundin an allem schuld war, nur wegen ihr war er in diesem erbärmlichen Zustand, nur wegen ihr hatte er alles verloren. Er beschloss, dass er nicht sein, sondern ihr Leben nehmen müsse, sie sollte nicht das Vergnügen haben, sich auch noch heimlich über seinen Tod zu freuen. Nach einer vierwöchigen Phase intensiven

Grübelns, in der der Plan immer konkreter wurde, ging Herr M. abends an den Arbeitsplatz seiner ehemaligen Partnerin. Er wusste, dass sie an vier Tagen der Woche länger arbeitete als die anderen, um am fünften Wochentag frei zu haben, er wusste, dass sie dann alleine war in den Räumlichkeiten der Firma. Er läutete, sie ließ ihn ein, und was dann folgte, war ein unerbittlicher Kampf auf Leben und Tod, der sich mit entsetzlicher Brutalität über eine halbe Stunde zog und erst endete, als die Frau tot auf dem Boden lag. Herr M. war schon bei der Tür, als er noch einmal umdrehte und ihr noch drei Mal das Messer in den Brustkorb stieß, „zur Sicherheit", wie er später angab.
Eigenartigerweise ging es ihm nun schlechter als zuvor. Verschwitzt, blutverschmiert und zittrig ging er nach Hause, warf unterwegs das Messer in eine Mülltonne, holte seinen Autoschlüssel und fuhr auf eine Landstraße. Dort lenkte er seinen Wagen gegen einen Brückenpfeiler (nicht ohne vorher eine Vollbremsung einzuleiten), stieg unverletzt aus, steckte sein Auto in Brand und wartete auf die Polizei.

Paare, die nicht zusammenpassen, sich trennen, sich wiederfinden, sich doch wieder trennen, meinen, dass sie einander zu sehr lieben, um getrennt zu bleiben, und wider jedes bessere Wissen und wider jede Erfahrung wieder zusammenkommen, sind keine Seltenheit. Selten allerdings gehen solche Geschichten gut aus, meist ist es eine Trennung auf Raten, die aber im Ergebnis eine Trennung bleibt. Dass die Intensität, mit der die Partner am anderen festhalten, mit jedem neuen Akt des Dramas noch zu steigen scheint, hat wohl weniger mit Liebe zu tun als damit, dass die Vielzahl der zwischenzeitlich nicht ergriffenen Möglichkeiten, die Fülle an nicht gelebten Alternativen stetig zunimmt und ein Versagen dieser Beziehung einen ganzen Abschnitt des eigenen Lebens zu einer „Fehlinvestition" machen würde, noch dazu einer Fehlinvestition, vor der man von anderen gewarnt wurde und die man selbst (in selbstkritischen Momenten) als solche erkannte. Der Beziehungskitt ist hier kein positives, auf den anderen bezogenes Gefühl mehr, sondern das fast zwanghafte Bestreben, seine eigenen Entscheidungen aus der Vergangenheit über künftigen Erfolg zu rechtfertigen. Diese Übung muss zwingend scheitern, weil sie den einen verbissen unglücklich macht und den anderen in die Rolle des „Beweismittels" drängt, ihm aber keinerlei Spielraum mehr lässt für Entwicklung und Veränderung. Die ultimative Niederlage ist dann nicht die (bei klarem Verstand absehbare) Trennung, sondern die Erkenntnis, dass der Partner mit einem anderen das erreicht, was einem selbst verwehrt blieb, nämlich eine zufriedene Beziehung ohne täglichen Kampf und lauerndes Misstrauen. Da hat man Jahre seines Lebens im Bemühen um den anderen vergeudet, und der steht jetzt da und wirkt zufrieden, während man selbst vor dem Trümmerhaufen seiner Anstrengungen steht und den Bankrott auch noch öffentlich eingestehen muss: Spätestens jetzt ist offensichtlich, dass man dem anderen nicht so viel bedeutet wie umgekehrt und dass man in der schiefen Ebene der vormaligen Partnerschaft am unteren Ende steht.

Eifersucht, das bittere Feuer

Etymologisch ist der Begriff „Eifersucht“ seit dem 16. Jahrhundert belegt, der Wortstamm ist unklar. Vermutet wird ein Zusammenhang mit dem indogermanischen Wort für „Feuer“ und dem althochdeutschen Wort für „bitter“, kombiniert mit dem althochdeutschen Begriff für „Krankheit“. Ein bitteres Feuer, das zur Krankheit wird und den Betroffenen verzehrt, erscheint als passendes Bild für eine der destruktivsten Emotionen. Eifersucht ist vor allem die antizipierte reale oder vermutete Frustration der eigenen Bedeutung für einen relevanten anderen und stellt eine wesentliche Quelle von Kränkung dar. Vor allem aber ist Eifersucht eine janusgesichtige Emotion, ein Gefühl des doppelten Zweifels. Einerseits zweifelt der Eifersüchtige am Partner, dem er sich zu Unrecht ausgeliefert hat, der ihn getäuscht hat und der weder Vertrauen noch Zuneigung verdient. Andererseits zweifelt er auch an sich selbst: Die Annahme, betrogen zu werden, geht einher mit der Annahme, nicht so einzigartig, liebens- und begehrenswert zu sein, wie man sich das wünscht, sodass sich die Eifersucht vor allem als Bestätigung mangelnden Werts, als Ausfluss fehlenden Selbstwerts und damit als Angriff auf die Basis der psychischen Funktionsfähigkeit und inneren Stabilität darstellt. Die Abwehr dieses Angriffs kann über mehr oder weniger reife Mechanismen erfolgen; einer davon ist die Entwertung des anderen, der einen „nicht verdient“ hat, der Zuneigung oder Liebe gar nicht wert war und der es bisher meisterlich verstanden hat, seinen schlechten Charakter zu verbergen, auf dass der arglose Partner ihm sein Vertrauen schenke. Ein anderer kann darin liegen, möglichst rasch selbst eine neue Beziehung zu suchen und vor allen, die es (nicht) hören wollen, Vergleiche mit der vorherigen Beziehung anzustellen, die natürlich ausschließlich zu Gunsten der neuen ausfallen. Ein ganz und gar nicht tauglicher, aber leider nicht so seltener Weg ist die Vernichtung desjenigen, der mich über seinen Betrug entwertet und gedemütigt hat: Mit dem Tod des Botschafters wird die Botschaft gelöscht.

Obwohl beide Geschlechter anfällig sind für Eifersucht, gibt es doch Unterschiede, wie eine Studie von David M. Buss aus dem Jahr 1992 bestätigte: Die Eifersucht der Frau entzündet sich eher an der emotionalen Außenorientierung des Partners, Männer reagieren vor allem auf sexuelle Untreue. 67 Prozent der Männer bewerteten einen Seitensprung als schwerwiegender als die emotionale Bindung der Partnerin an einen anderen, nur 44 Prozent der Frauen teilten diese Ansicht. Buss begründet das mit evolutionären Mechanismen: Während sich die Frau ihrer Mutterschaft immer sicher ist, ließ die Biologie dem Mann hier immer reichlich Raum für Zweifel. Die Frau hingegen war in der Aufzucht ihrer Kinder an die Zuwendung und Versorgung des Mannes gebunden, eine Außenorientierung konnte für das Überleben fatal sein. So gesehen wäre Eifersucht ein sinnvolles und nachvollziehbares Warnsignal, das sich für beide Geschlechter rentiert. Leider hat unsere emotionale Entwicklung nicht mit unserer gesellschaftlichen Entwicklung Schritt gehalten, der Wert der Eifersucht ist unter unseren aktuellen Lebensbedingungen mittlerweile äußerst fraglich. Wenn auch die Zahlenangaben variieren, stimmen die Statistiken jedenfalls darin überein, dass Eifersucht ein wesentliches, wenn nicht das wesentliche Motiv bei Aggressions- und Tötungsdelikten darstellt. Die Wahrscheinlichkeit, zum Mordopfer zu werden, ist in Beziehungen am höchsten, vier Fünftel aller Tötungsdelikte spielen sich im familiären oder partnerschaftlichen Umfeld ab.

Eifersuchtsdramen

Die Weltliteratur kennt unzählige Eifersuchtspaare, von Shakespeares Othello über Tolstois Anna Karenina („Sie war nicht wegen eines anderen Weibes eifersüchtig auf ihn, sondern wegen der Abnahme seiner Liebe. Sie besaß noch keinen Gegenstand, auf den sich ihre Eifersucht erstrecken konnte, suchte denselben jedoch, und übertrug bei dem geringsten Fingerzeig diese Eifersucht von dem einen Gegenstand auf den anderen") bis zu Büchners Woyzeck, die Eifersucht zieht eine vernichtende Spur durch die Geschichte der Menschheit. Dabei ist es fast verblüffend, wie wenig sich die innerpsychischen Mechanismen über Jahrhunderte verändert haben, wie wenig wir uns heute von Personen unterscheiden, die vor sehr langer Zeit erdacht wurden, um allgemein menschlichen Erfahrungen Ausdruck zu verleihen. Die Unsicherheit des Othello, der, obgleich erfolgreicher Feldherr, aufgrund seiner Herkunft nicht als gleichwertig gilt, macht ihn anfällig für den teuflisch eingefädelten Verdacht an der Treue seiner Frau, latenter Zweifel am eigenen Wert lässt ihn allzu leicht glauben, dass er Desdemona nicht genügt. Der von allen gedemütigte Woyzeck erträgt die eine Demütigung durch Marie am allerwenigsten, da er nur durch ihre Zuneigung seine Selbstachtung erhalten kann. Massive Zweifel an sich selbst treiben Anna Karenina in wahnhafte Eifersucht und schließlich in den Suizid.

Andreas Marneros, der sich umfassend mit der motivationalen Gemengelage bei Partnertötungen befasst hat, sieht die zentrale Ursache in der verweigerten Rückmeldung der eigenen Wertigkeit: „Unser aller Selbstdefinition braucht die Reflexion des anderen." Wo bestätigende Rückmeldung ausbleibt oder gar Entwertung stattfindet, wo noch dazu keine ausreichende externe Selbstwert-Quelle verfügbar ist, wird der Boden bereitet für die aggressive Abwehr einer destruktiven Außensicht. Die Wahrscheinlichkeit eines fatalen Übergriffs steigt dann, wenn beide Partner ungleich stark auf die Beziehung fixiert sind, wenn sie unterschiedlich viel in die Beziehung investieren (was Marneros als teleologische Asymmetrie bezeichnet), wenn sich die Partner in ihren Ausrichtungen und Interessen nicht gut ergänzen und wenn dem „schwächeren" Partner kaum alternative Ressourcen von Anerkennung zur Verfügung stehen. Die Tötung entspricht einer Bankrotterklärung der Selbstdefinition, zum Täter wird häufig der unterlegene, chronisch real oder imaginiert gekränkte Beziehungspartner. Eine spezielle Tragik der Eifersucht liegt darin, dass sie für den zu Unrecht Verdächtigten eine derartige Belastung und Kränkung darstellt, dass sie ihn nachgerade in das eigentlich Befürchtete, nämlich die vorerst innere und oft auch faktische Außenorientierung, treibt: Die Eifersucht gebiert ihre eigene Bestätigung.

Auch beim Thema Eifersucht haben Narzissten schlechte Karten: Die frenetische Gier nach Bestätigung der eigenen Bedeutung macht oft schon geringfügige Ereignisse zu unerträglichen Kränkungen: Mein Partner hat sich mit einer anderen Frau unterhalten, meine Partnerin hat sich positiv über einen anderen Mann geäußert, wie konnte sie nur; nur mich soll sie bewundern, ich muss ihr genügen, ihr Blick soll ausschließlich auf mich gerichtet sein. Als Oscar Pistorius, der südafrikanische Paralympic-Athlet, am 14. Februar 2013 seine Freundin Reeva Steenkamp durch die geschlossene Badezimmertüre mit vier Schüssen tötete, nahmen ihm Polizei und Staatsanwaltschaft die von ihm präsentierte Tatversion nicht ab, er habe sie für einen Einbrecher gehalten und irrtümlich erschossen. Zu zahlreich waren die Berichte über seinen Besitzanspruch gegenüber Steenkamp. Zuletzt hatte er sich furchtbar darüber erregt, dass sie gemeinsam mit einem attraktiven jungen Sänger in einer Fernsehshow auftrat. Schon die Tatsache, dass sie sich mit einem anderen, von ihm als möglichen Konkurrenten empfundenen Mann öffentlich gemeinsam in einem Raum aufhielt, reichte offenbar aus, um eine fatale Vernichtungswut zu entfachen. Am 3. März 2016 wurde die Verurteilung wegen Mordes mit verminderter Tötungsabsicht rechtskräftig.

Vermutlich ohne es zu wissen, wiederholte Pistorius eine Geschichte der griechischen Mythologie: Kephalos und Prokris, zwei schöne junge Menschen aus bestem Haus, verlieben sich, schwören einander ewige Treue und hätten vermutlich ein glückliches, sorgenfreies gemeinsames Leben vor sich gehabt, wenn nicht Kephalos nach einer Affäre mit Aurora von dieser auf die Idee gebracht worden wäre, Prokris könnte ihm untreu sein. Er beschließt, seine Frau auf die Probe zu stellen, und taucht in diversen Verkleidungen bei ihr auf, führt sie durch Geschenke in Versuchung und scheitert vorerst kläglich in seinem Werben. Dabei hätte er es bewenden lassen sollen. Er intensiviert aber seine Bemühungen derart, dass sie ihm schließlich nachgibt, womit er den Beweis seiner Vermutung erbracht hat. Prokris flieht beschämt aus der Stadt und kehrt erst nach einem Umweg über Kreta (und das Schlafgemach des dortigen Königs Minos) nach Athen zurück, wo sie Kephalos in männlicher Verkleidung bei einem Jagdwettkampf besiegt (mit Hilfe eines Hundes und eines Speers, die ihr die Göttin Diana aus Mitleid mit ihrem Schicksal überlassen hat). Kephalos erkennt den Wert dieser beiden Besitztümer und will sie Prokris abkaufen, diese willigt nur unter der Bedingung ein, dass er mit ihr schlafe. Im Schlafzimmer erkennt er seine Frau, ist gedemütigt und macht das Beste aus seiner Lage, indem er sich mit ihr versöhnt. Als Paar gehen die beiden auf die Jagd, Kephalos hält Prokris für ein Wild (oder behauptet das zumindest) und tötet sie mit dem unfehlbaren Speer, den sie von Diana erhalten hat. In einer anderen Version bespitzelt Prokris ihren Mann, da sie eine neuerliche Affäre mit Aurora vermutet, und wird von ihm verkannt und getötet.

Wenn Misstrauen und Eifersucht Einzug halten in eine Beziehung, sind fatale Entwicklungen jederzeit möglich. Ein anderer, ebenfalls äußerst erfolgreicher Sportler, O.J.

Simpson, der sich in seiner siebenjährigen Ehe mit Nicole Brown als gewalttätig eifersüchtig erwies, wurde nie strafrechtlich für den zwei Jahre nach der Scheidung erfolgten Mord an seiner Ex-Frau und ihrem Bekannten verurteilt. Zivilrechtlich wurde die Lage anders bewertet und über Simpson 1997 eine Schadenersatzzahlung an die Hinterbliebenen in Höhe von 33,5 Millionen Dollar verhängt (die bis jetzt nicht vollstreckt werden konnte).

Eifersuchtswahn

Eine Sonderform der eifersüchtigen Reaktionsbildung ist die Entwicklung eines Wahns. Während die „normale" Eifersucht häufig, aber nicht zwingend auf die sexuelle Untreue abstellt und sich auch auf rein emotionale oder intellektuelle Verbundenheit beziehen kann, ist der wahnhaft Eifersüchtige immer vom manifesten Seitensprung des Partners überzeugt. So wie bei allen Wahnthemen besteht auch hier die absolute subjektive Gewissheit von der Richtigkeit der eigenen Überzeugung, die argumentativ nicht ausgehebelt werden kann, auch nicht durch Erfahrung oder logische Schlussfolgerungen. Es ist völlig sinnlos, „Beweise" für die Unrichtigkeit der Annahmen vorzubringen, da der Kranke alles Vorgebrachte so lange umdeuten wird, bis es sich wieder nahtlos in seine Privatrealität einfügt.

Ein Mann, der seiner Partnerin wahllose sexuelle Beziehungen zu anderen unterstellte (die ganze Misere hatte begonnen, nachdem er sich wiederholt im Bett mit ihr „blamiert" hatte), konfrontierte sie nach ihrer Rückkehr von einem Theaterbesuch in Begleitung ihrer Freundin mit seinem „Wissen", dass sie nun erfolgreich die nächste Affäre absolviert hätte. Als die verzweifelte Frau ihm daraufhin das Theaterprogramm präsentierte, war das für ihn nur ein weiterer Beweis ihres perfiden Vorgehens: Sie hatte sogar daran gedacht, sich – als Alibi – ein Programm zu beschaffen!

Der Wahn zählt zu den schwersten psychischen Erkrankungen und ist ausnehmend schlecht behandelbar, vor allem weil der Kranke keinerlei Behandlungsmotivation aufbringen kann und die Problematik ausschließlich bei den anderen verortet, die ihn jetzt, als Krönung ihrer Unverschämtheit, auch noch als Wahn-Sinnigen abstempeln wollen. Wie bei den meisten anderen Wahnthemen auch findet sich häufig ein Bezug zur realen Lebenssituation, es kann eine jahrelange Zerrüttung der Intimbeziehung vorliegen oder ein Nachlassen der sexuellen Funktionsfähigkeit, wobei der Wahn hier eine Art „Krankheitsgewinn" mit sich bringt: Die Verweigerung des Intimkontakts kann dann mit dem Betrug der Ehefrau begründet werden, das schambesetzte Thema der nachlassenden Potenz kann vor der Partnerin verborgen bleiben.

Die Betroffenen sind in der Regel bei Beginn der Erkrankung in ihrem fünften Lebensjahrzehnt, die Symptomatik beginnt abrupt nach einem meist belanglosen Triggererlebnis, die Erkrankung betrifft mehr Männer als Frauen. Häufig findet sich eine chronische Alkoholabhängigkeit oder eine beginnende Demenz, neurologische

Erkrankungen scheinen die Entwicklung dieses speziellen Wahns zu begünstigen. Häufig verhalten sich die Kranken in allen anderen Lebensbereichen gänzlich unauffällig, in der Partnerschaft aber äußerst gereizt, aggressiv und so gewalttätig, dass die Trennung unumgänglich wird, die natürlich aus Sicht des Kranken den endgültigen Beweis der Untreue liefert. Die Kommunikation mit anderen Familienmitgliedern (zumeist den Kindern) wird massiv gestört bis zerstört, da diese die Verdächtigungen nicht verstehen können und der Kranke daraus Rückschlüsse zieht auf eine „Verschwörung" mit der untreuen Partnerin. Im angloamerikanischen Sprachraum wird der Eifersuchtswahn als „Othello-Syndrom" bezeichnet.

Wenn der Eifersüchtige beschließt, dass nur eine endgültige Lösung sein Leiden beenden kann, gibt es prinzipiell mehrere Varianten dieser „Endlösung": Er tötet den vermeintlich untreuen Partner, seine Aggression richtet sich gegen den Nebenbuhler oder aber gegen beide. Psychodynamisch liegt die Vermutung nahe, dass eine Gewalttat zum Nachteil des Nebenbuhlers dann wahrscheinlicher wird, wenn die Partnerin eher als Besitz denn als eigenständiges, selbst entscheidungsfähiges Wesen wahrgenommen wird: „Du hast mir mein Eigentum gestohlen, das wirst du mir büßen."

Herr. C. war vor einigen Jahrzehnten aus Mazedonien nach Österreich gekommen und hatte sich hier mit seiner ständig anwachsenden Familie gut etabliert. An seinem Arbeitsplatz war er als fleißiger, zuverlässiger und anständiger Mitarbeiter beliebt, die Kinder absol-

vierten allesamt eine gute Ausbildung, die Frau versorgte den Haushalt. Mit 60 erkrankte er an Diabetes, mit fatalen Folgen für die Potenz. Da das Thema für ihn äußerst unangenehm war, besprach er es weder mit seinem Hausarzt noch mit seiner Frau und suchte Ausflüchte, um sich den ehelichen Pflichten zu entziehen. Als er eines Tages mit ihr spazieren ging und am Haus eines Arbeitskollegen vorbeikam, bemerkte er eine rote Gießkanne, die vor der Eingangstür abgestellt war. Das Unheil nahm seinen Lauf.

Herr C., der wusste, dass Rot die Lieblingsfarbe seiner Frau war, erkannte schlagartig, dass hier ein Zeichen für sie gesetzt wurde. Wenn die Kanne vor der Tür stand (warum sollte man sonst eine Gießkanne vor der Eingangstür abstellen), war das ein Zeichen, dass sie kommen konnte, dass die Luft rein und die Gelegenheit günstig war. Die beiden hatten offensichtlich ein Verhältnis, vermutlich schon lange, und er war der Gehörnte. Da er sich denken konnte, dass sie alles leugnen würde, sprach er das Thema natürlich nicht an und tat, als ob er nichts bemerkt hätte. Seine Frau verhielt sich wie immer, der war nicht aufgefallen, dass er sie entlarvt hatte, er änderte sein Verhalten ebensowenig (mit der einen Ausnahme, dass er nun die körperliche Nähe völlig verweigerte, was seine Frau aber nicht weiter störte), auch gegenüber dem Arbeitskollegen: Es war besser, die beiden heimlich zu beobachten und nichts zu überstürzen.

Das ging über zehn Jahre so dahin, bis sich bei Herrn C. erste Anzeichen einer Demenz (wohl auch als Folge des

Diabetes) bemerkbar machten. Nun begann er, der Frau und den Kindern gegenüber mehr oder weniger kryptische Andeutungen zu machen, bis allen klar war, dass er sich gedanklich verrannt hatte. Alle Fragen nach faktischen Belegen seiner Gewissheit wehrte Herr C. kategorisch ab, das sei egal, er wisse es eben und das müsse ihnen genügen; ihm genüge es jedenfalls. Die Kinder waren entsetzt, waren sie doch absolut sicher, dass ihre Mutter nie eine Affäre gehabt hatte und eigentlich all die Jahre nur zum Einkaufen oder in Begleitung aus dem Haus gegangen war.

Als sie ein Gewehr und Munition zu Hause entdeckten, stellten sie den Vater zur Rede. Herr C. sprach reichlich diffus von „Feinden", gegen die er sich eventuell verteidigen müsse, der Sohn vermutete, dass der Vater von einem Feind in seinem eigenen Bett sprach und brachte dem Verkäufer das Gewehr zurück. Herr C. besorgte sich ein neues Gewehr, versteckte es diesmal besser und beschloss, dass es Zeit war zu handeln. Eines Abends lauerte er seinem vermeintlichen Nebenbuhler auf und richtete ihn in aller Öffentlichkeit mitten auf der Dorfstraße hin. Danach ließ er sich widerstandslos festnehmen und wirkte direkt erleichtert: Die Situation war bereinigt, er hatte dem anderen die verdiente Strafe zukommen lassen.

Das ungleichschenkelige Dreieck

Es gibt kein richtiges Leben im falschen.
Theodor Adorno

In meiner Ausbildungszeit hatte ich oft Nachtdienst, und es gehörte zu den dienstlichen Aufgaben, spätabends noch alle Stationen abzugehen. Eines Abends fiel mir dabei auf einer geriatrischen Station eine betagte Dame auf, die still am Bett eines ebenfalls ziemlich betagten Mannes saß. Da die Besuchszeit schon lang vorbei war, dachte ich, dass man sie wohl bei ihrem Mann bleiben ließ, weil es sehr schlecht um ihn stand. Im nächsten Nachtdienst saß sie wieder da, und auch im übernächsten, und als ich um fünf Uhr früh zu einem Notfall auf diese Station gerufen wurde, ebenfalls.

Das war ungewöhnlich, also erkundigte ich mich beim Pflegepersonal nach den Umständen. Die erzählten, dass sie immer spät abends und sehr bald in der Früh komme, das sei leider nicht anders möglich, sie sei nämlich die Geliebte. Untertags sei die Familie da, Frau, Kinder, Enkelkinder, denen dürfe sie nicht begegnen. Die beiden hätten sich vor 60 Jahren kennengelernt, er war mittlerweile 90, sie etwas jünger, und hätten 60 Jah-

re lang eine geheime Beziehung geführt. In dieser Zeit, in der sie keine eigene Familie gründete, keinen anderen Partner hatte und ihr Leben nach seinen Gelegenheiten ausrichtete, bekam er mit seiner rechtmäßigen Frau vier Kinder und mittlerweile sieben Enkelkinder, war für alle Öffentlichkeit ein treu sorgender Ehemann und Vater, machte Karriere, feierte Familienfeste, wurde pensioniert, bereiste mit seiner Frau die Welt und genoss sein Leben als Großvater, bis er schwer erkrankte und ins Krankenhaus kam. Natürlich war die Frau an seiner Seite und besuchte ihn täglich, so wie die Kinder und Enkelkinder. Der familiäre Umgang sei sehr herzlich und alle seien um ihn besorgt und bemüht, deshalb sei man auch so erstaunt gewesen, als eines Abends eine Frau aufgetaucht sei und dringend gebeten habe, zu ihm gelassen zu werden. Sie habe ihre Geschichte erzählt, die anfangs keiner glauben wollte, bis man ihn gefragt habe. Seitdem komme sie um zehn Uhr abends und bleibe bis Mitternacht, um fünf Uhr früh sei sie wieder da und bleibe bis sieben Uhr.

Diese Dreiecksbeziehung, die ein ganzes Menschenleben lang aufrecht geblieben war, entsprach so gar nicht dem landläufigen Bild einer Außenbeziehung und war in ihrer überdauernden Form angesichts des nahenden Tods auch unendlich traurig. Der Tod wertet das Gelebte, weil er die Möglichkeitsform eliminiert: Es bleibt, was war, es kommt nichts mehr dazu.

Dreiecks-Settings

Außenbeziehungen sind kaum je symmetrisch. Die klassische Konstellation (keinesfalls möchte ich behaupten, dass dies die einzig mögliche Rollenverteilung darstellt, es ist nur die gängigste, daher werde ich mich im Folgenden auch hauptsächlich darauf beziehen) besteht aus einem Mann, dem Dreh- und Angelpunkt des Dreiecks, und zwei Frauen, eine davon die öffentliche, „legitime", die zweite die inoffizielle, „illegitime", auch „Geliebte" oder „Schattenfrau" genannt. Zumindest einer der Beteiligten kennt die realen Verhältnisse, die Geliebte glaubt sie zu kennen und die Frau überblickt nur einen Teil des Spielfelds, auf dem alle drei mehr oder weniger angestrengt darum kämpfen, ihren Vorteil zu wahren oder ihre Position zu behaupten. Sogenannte Affären bzw. Seitensprünge (schon der Name „Sprung" impliziert die Kurzschlüssigkeit und das Enden-Wollende der Aktion), die vonseiten beider Beteiligten wenig emotionales Engagement beinhalten und ihrer Natur nach auf Kurzlebigkeit angelegt sind, sind in Bezug auf Trennungen nur insofern relevant, als sie eventuell Anlass einer solchen sein können, falls der oder die Betrogene den Betrug entweder entdeckt oder ihn ungefragt „gebeichtet" bekommt. Letzteres ist eine denkbar sinnlose und entbehrliche Übung, die im Wesentlichen dazu dient, das eigene schlechte Gewissen zu erleichtern, dem anderen den Umgang mit dem eigenen Fehlverhalten zu überantworten und – ganz im Sinne der Beichte – Exkulpierung zu erlangen. Falls die Sache nicht den gewünschten Verlauf nimmt (ich habe es erzählt, sie/er hat mir verziehen, wir können also weitermachen wie bisher), kann sie, Variante 1, in einem höchst unerquicklichen Scheidungsverfahren mit eindeutiger Schuldzuweisung und entsprechenden Reparationszahlungen enden, was aber wenigstens ein geklärtes Ende darstellt. Weit unangenehmer ist Variante 2 des Nicht-Verzeihens, nämlich das Scheinbar-Verzeihen-und-bei-jeder-Gelegenheit-Vorhalten, was einer vielleicht schon an sich defizitären Beziehung nicht unbedingt zum Vorteil gereicht und irgendwann doch noch zu Variante 1 führen kann.

Der habituelle Seitenspringer, der Sexualität in die Liste seiner vitalen Bedürfnisse einreiht (deren Befriedigung analog einem etwas aufwendigen Restaurantbesuch durchaus auch außer Haus möglich ist) und „serielle Sexualität" bei formal aufrechter Bindung lebt, mag dies zwar durchaus mit Wissen seines Partners/seiner Partnerin tun: Man behält sich den Kuchen dort, wo er gebacken wird und wo die Küche heimelig duftet (zu Hause), kostet aber auch gelegentlich andernorts die angebotene Ware. Falls beide über eine vergleichbare Sichtweise verfügen und sich ident verhalten, mag die Sache durchaus so lange funktionieren, solange nicht einer durch diverse Umstände (Kinder, die zu versorgen sind, nachlassende Attraktivität am „freien Markt") ins Hintertreffen gerät und daraufhin seine einschlägigen Ansichten ändert. Falls es sich um ein eher einseitig vorteilhaftes „Freihandelsabkommen" handelt (emotionale Bindung zu Hause, Bedürfnisbefriedigung an frei wählbaren Orten, Diskretion erbeten), wird einer zwar unter dem Arrangement leiden, aber der Fortsetzung der Ehe höhere Priorität einräumen als dem Ausschließlichkeitsanspruch der Intimität. Trotzdem ist auch ein solches Abkommen nicht ohne Tücken und Risiken und es kann die Anziehungskraft, die ursprünglich nur für zeitlich befristete körperliche Nähe ausreichen sollte, sozusagen die Nacht überdauern, was aus der Affäre in kurzer Zeit ein Dreieck werden lässt. In dieser Konstellation läuft der bisher einwilligende Partner nun plötzlich Gefahr, für jahrelange Nachsicht mit dem Verlust seines höchsten Guts zu bezahlen, wird entsprechend heftig um dessen Erhalt kämpfen und das Verbindende der langen gemeinsamen Geschichte ebenso ins Treffen führen wie die moralische Verpflichtung zur Einhaltung der getroffenen Vereinbarung. Besonders bitter ist in solchen Fällen die Erkenntnis, dass noch so viel Großzügigkeit und Langmut keine Versicherung gegen plötzliche Wendungen darstellen und dass unterschiedliche Beziehungskonzepte über längere Zeit nur schwer und nur scheinbar zur Deckung zu bringen sind.

Das häufigste Motiv für die außerhäusliche Erlebnissuche stellt übrigens bei ca. 26 Prozent aller Fremdgehenden die fehlende sexuelle Erfüllung in der Beziehung dar, gefolgt von Neugier und Suche nach Abenteuer (19 Prozent) und dem Wunsch nach zusätzlicher emotionaler Bindung und Wertschätzung (ebenfalls 19 Prozent), fehlender emotionaler Erfüllung in der Beziehung (knapp 14 Prozent), dem Wunsch nach zusätzlichen sexuellen Begegnungen (knapp 7 Prozent), dem Wunsch nach Rache (knapp 6 Prozent) und dem Thema Verliebtheit (nicht mehr in den Partner verliebt, in den Seitensprung-Partner verliebt). Fürwahr ein bunter Strauß an Beweggründen, die allesamt in eine gemeinsame Endstrecke führen, wobei diese Endstrecke eben in Abhängigkeit von der Art des Bedürfnisses unterschiedlich lange ausfallen kann.

Es liegt auf der Hand, dass der emotional defizitär Versorgte eher an einem All-inclusive-Paket (Intimität auf mehreren Ebenen) interessiert sein wird als der Abenteuerlustige oder nur sexuell Bedürftige, der ansonsten mit seiner Partnerwahl ganz zufrieden ist und sich zu Hause emotional beheimatet fühlt.

Dreiecksbeziehungen haben die Fähigkeit, lang dauernde und schwer auflösbare Leidenszustände zu schaffen, was insofern erstaunlich scheint, als sie doch ursprünglich (zumindest vonseiten des Initiators) als Mittel der Befindlichkeitsverbesserung eingegangen wurden. Einschränkend ist allerdings anzuführen, dass das Leiden häufig ungleich verteilt ist und sich mit zunehmender Dauer eher im eng eingegrenzten Territorium der Geliebten breitmacht. Das überdauernde emotionale Debakel, das meist irgendwann irgendeine Trennung (und noch mehr emotionales Debakel) gebiert, entfaltet sich allerdings nur in längeren Außenbeziehungen, die als Parallelbeziehungen gelebt werden.

Warten auf Godot

Es kann unterschiedliche Gründe haben, warum man sich auf die Rolle der Geliebten einlässt. Der Anfang ist meist rosenumkränzte Verliebtheit, in der die Dritte im Bunde, die distante Ehefrau, die es offenbar nicht schafft, ihren

Mann emotional zu binden, die von diesem auch oft als kaltherzig, ignorant und desinteressiert geschildert wird, ausgeblendet wird. Es kann auch eine gewisse Form von Selbstbestätigung darstellen, vom Partner sozusagen vorgezogen zu werden: Die Geliebte ist die „bessere" Frau, sie versteht ihn, bei ihr kann er endlich er selbst sein, er erlebt ungeahnte Höhenflüge in sexueller Hinsicht (und ist entsprechend dankbar). Im Verlauf der Beziehung fällt es allerdings immer schwerer, die Hauptfrau zu ignorieren. Das beschränkt sich nicht nur auf die „klassischen" Anlässe wie Feiertage, Urlaube und Familienfeiern, die die Geliebte ja allesamt weiterhin unbegleitet absolvieren muss. Es wird auch immer belastender, dass sich die gesamte Beziehung sozusagen im Separee abspielt, dass der im Alltag üblicherweise umfangreiche Teil des gemeinsamen öffentlichen Lebens, der gemeinsam gepflegten Freundschaften und der gemeinsamen längerfristigen Planung nicht gelebt werden kann. Dazu kommt noch die asymmetrische Verfügbarkeit: Während sie sich an seinen Möglichkeiten orientiert und allzeit erreichbar und abrufbar ist, um nur ja das Maximum an Zeit mit ihm verbringen zu können („Wenn er gesagt hat, dass er sich am Wochenende vielleicht einen Nachmittag frei machen kann, habe ich mir nichts anderes vorgenommen, sondern bin zu Hause gesessen und habe auf den Anruf gewartet, der oft genug nicht kam"), hat sie ihrerseits kaum Möglichkeiten, ihn ihren Bedürfnissen entsprechend zu kontaktieren. Nicht am Abend, nicht am Wochenende, nicht im Urlaub, der gemeinsam mit Frau und Kindern verbracht wird.

Langsam, aber sicher, kommen Zweifel auf. Wenn er doch laufend beteuert, wie sehr er sie liebt, wie sehr sie füreinander geschaffen sind und wie sehr er sich immer so eine Frau wie sie gewünscht hat, wie lebendig er sich bei ihr wieder fühlt, warum bleibt er dann bei der anderen? Das ist der Punkt, an dem sich einerseits die ersten Dornen im Rosengarten bemerkbar machen, andererseits ist es auch der Punkt, an dem langsam Verbindlichkeit eingefordert wird und als Antwort die ersten Veränderungshoffnungen in den Raum gestellt werden, entweder explizit oder, was fast noch schlimmer ist, implizit. Wenn die Kinder aus dem Haus sind, wenn der Kredit abbezahlt und die finanziellen Verhältnisse saniert sind, wenn die Frau sich wieder beruflich etabliert hat … die Gründe sind vielfältig und zumeist hanebüchen, da, entsprechender Wille vorausgesetzt, Trennungen jederzeit möglich sind und die geradlinige Variante auf lange Sicht für alle Beteiligten auch den ungleich respektvolleren und gesünderen Umgang darstellt.

Selbst wenn keine Wenn-dann-Szenarien ausgemalt werden, wird das die Geliebte meist nicht davon abbringen, doch auf Veränderung zu hoffen: Er wird schon noch erkennen, dass es so nicht weitergehen kann, wenn er dann so lange mit mir zusammen ist, wird er mich nicht mehr missen wollen … Es gibt viele Argumente, um das, was schon deutlich im Raum steht, nicht sehen zu müssen. Klar wird nun aber, dass eine Veränderung, wenn überhaupt, erst in einiger zeitlicher Distanz möglich sein wird, womit der Hoffnungsanker vorerst einmal weit draußen gesetzt und weiter gerudert wird. Es kommt der angekündigte Zeitpunkt, die Kinder sind am Ausziehen, das Haus ist abbezahlt, was auch immer, und siehe da: Es geht trotzdem nicht.

Eine Frau, die sich auf dieses „Warten auf Godot“ drei Jahre lang eingelassen hatte und schließlich feststellen musste, dass auch bei ihr Godot nicht kam, beendete daraufhin die Beziehung. Als er ein Jahr später, nach erfolgter Trennung von seiner Frau (die auf deren Initiative beruhte), wieder bei ihr auftauchte und an die herrliche gemeinsame Zeit anknüpfen wollte, teilte sie ihm mit, dass das leider nicht mehr möglich sei: nicht, weil sie sich an ihm rächen wolle, auch nicht, weil sie gebunden wäre, sondern einfach deshalb, weil sie ihm nicht mehr glauben könne, womit die wesentliche Basis der Gemeinsamkeit fehle. Wenn die Geliebte die Trennung von sich aus vollzieht, weil sie den Preis der Unverbindlichkeit nicht mehr tragen will, ist das noch die Variante mit dem geringsten Schädigungspotenzial.

Eheliches Wettrüsten

Vermutlich das Positivste, das man über diese Konstellationen sagen kann, ist, dass Trennungen zwischen Mann und Geliebter im Dreiecksformat formal relativ problemlos vollzogen werden können. Zumeist ist kein gemeinsamer Besitz aufzuteilen, keine gemeinsamen Freunde werden sich positionieren müssen, kein Kind verliert die selbstverständliche Anwesenheit beider Elternteile.

Immer wieder können die Betroffenen es aber nicht glauben, dass es das nun gewesen sein soll, und verharren weiter in einer Situation, die mehr und mehr zu dem wird, was der Mann zu Hause schon lange hatte und wovor er ursprünglich in das Dreieck geflohen ist, nämlich ein Machtkampf, in dem das Eingehen auf den anderen und die Auseinandersetzung mit unterschiedlichen Bedürfnissen als Niederlage empfunden würde.

Des Pudels Kern ist nämlich eine Ehe, die schon lange keine Beziehung mehr ist im Sinne eines gegenseitigen positiven Interesses am anderen, sondern ein Nebeneinander in mehr oder weniger subtilem Belauern: Der eine lauert auf Schwachstellen des anderen, um Vorhaltungen formulieren zu können, der andere lauert auf Lieblosigkeiten, die er dem insgeheim laufend aktualisierten Leporello an erlittenen Kränkungen hinzufügen kann. Vergeltung, Rivalität und Rache(-gedanken) bestimmen den Alltag, jedes noch so belanglose Thema artet aus zu einem Konflikt, keiner kann dem anderen recht geben, weil es nicht um die Sache geht, sondern um die Machtverteilung in der Beziehung, die einer symmetrischen, d.h. von beiden Seiten mit sehr ähnlicher Methodik vorangetriebenen Eskalation entspricht. Der Vergleich mit dem atomaren Wettrüsten des Kalten Kriegs scheint hier durchaus angebracht, die Konsequenzen sind ähnlich: Immer mehr Ressourcen müssen investiert werden, um nicht auf der Strecke zu bleiben, der kräftezehrende Dauerkonflikt fordert hohen Einsatz und geht mit der Zeit an die Substanz.

Bündnispartner müssen gefunden werden. Aufseiten der Ehefrau sind es meist die Kinder, die instrumentalisiert werden, passend zur moralisch überlegenen Position derjenigen, die sich ja zu Hause um alles kümmern muss, weil der Mann nur seinem Beruf/seinen Vergnügungen nachgeht und die Familie vernachlässigt. Aufseiten des Mannes ist es die Geliebte, die die dringend erforderliche Kraftquelle darstellt. Hier wird er bewundert, hier macht ihm keiner Vorhaltungen wegen vermeintlicher, lange zurückliegender Verfehlungen, hier wird nicht jedes Thema bis zur Unkenntlichkeit zerstritten, hier findet er jede Form von Selbstbestätigung, die er sich wünschen könnte (inklusive einer äußerst befreienden, lebendigen Sexualität), und vor allem: Hier erhält er den lebenden Beweis, dass das häusliche Debakel nicht an ihm liegt. Mit einer anderen Frau, einer verständnisvolleren, einer liebevolleren, einer sanfteren und weicheren, kann er ein ganz anderer sein, offen, liebevoll, ein perfekter Liebhaber (was beweist, dass seine frigide Frau die Schuld trägt an der heimischen Misere in sexuellen Belangen). Ein weiterer nicht zu unterschätzender Benefit ist ihre Funktion als Druckventil: Hier kann er sich über die Lieblosigkeit der Frau beklagen, findet Verständnis, Zuspruch und Trost und kann solcherart gestärkt von dannen ziehen, um sich weiter auf dem heimischen Schlachtfeld zu behaupten. Der aufgestaute Druck, der sonst möglicherweise eine Lösung der anstehenden Eheproblematik unumgänglich machen würde, wird andernorts entladen, was die Situation zu Hause wieder erträglicher macht, die Aufrechterhaltung der Ehe ermöglicht und dabei hilft, die Konfrontation mit dem grundlegenden, ureigenen Problem zu vermeiden.

Machtkampfbeziehungen sind geradezu prädestiniert, sich zu Dreiecksbeziehungen zu entwickeln. Indem die Geliebte ihrerseits Ressourcen liefert, dient sie im Kern nur der Fortführung von Verhältnissen, die schon zuvor kräftig aus dem Lot geraten waren. Es mag Ausnahmen geben, aber in der Regel ist es nicht die Geliebte, die eine Beziehung zerstört, sondern sie ist vielmehr ein neues Mittel in einem Kampf, der schon lange vorher da war und der durch die Verwendung dieses Mittels auf eine neue Eskalationsebene gehoben wird. Im Dreieck geht es nicht um ihre Person, sondern um ihre Funktion, und die ist klar definiert. Noch so viele Liebesbeteuerungen können nicht über die simplen Tatsachen hinwegtäuschen, dass Liebe als verantwortungsfreies Abstraktum nicht denkbar ist, dass man auf verlogenen Strukturen keine solide Beziehung aufbauen kann und dass die Art der Beziehungsgestaltung seitens des Mannes auf der Weigerung beruht, selbstbestimmt verantwortlich zu handeln und seine häuslichen Verhältnisse zu reflektieren, zu klären und gegebenenfalls zu lösen.

Frau Z. lebte schon länger mit ihrem deutlich älteren und kranken Mann in einer Ehe, die hauptsächlich von Freundschaft und Verantwortungsgefühl getragen war. Als sie Herrn A. kennenlernte und sich in ihn verliebte, begann eine fünfzehn Jahre dauernde Außenbeziehung, die in diesem Fall ein Viereck war: Herr A. war seinerseits schon seit Längerem mit einer Frau verheiratet, die ihn (aus seiner Sicht) nicht genügend schätzte, nur an seinem Einkommen interessiert war und ihm immer wieder Szenen von gefühlt weltkriegsähnlicher Intensität servierte. In Frau Z. fand er nun eine Klagemauer, eine emotionale Heimat, Bestätigung und bedingungs-

lose Zuneigung, sie stellte keine Ansprüche und formulierte keine Erwartungen.
Als ihr Mann nach längerem Leiden, in dem sie ihn selbstverständlich zu Hause pflegte, verstarb, verschwand Herr A. plötzlich von der Bildfläche. Er rief nicht mehr an, er reagierte nicht mehr auf ihre Mails, er war einfach nicht mehr erreichbar. Sie litt unter dem Tod ihres Mannes, machte sich aber trotzdem daneben auch zunehmende Sorgen um Herrn A., weil sie sich sein Verschwinden nicht erklären und sich auch nicht vorstellen konnte, dass er sie ausgerechnet jetzt, wo sie einmal etwas anlehnungsbedürftig war und selbst Trost gebrauchen hätte können, einfach im Stich lassen würde. Es hatte keinen Streit gegeben, er hatte ihr beim letzten Treffen noch erklärt, wie sehr er sie brauche und gern habe, es war seltsam und beunruhigend. Sie hatte nie Forderungen an ihn gestellt und es war klar und zwischen ihnen ausgesprochen, dass sie das auch künftig nicht tun und nicht erwarten würde, dass er nun seine Scheidung betreibe.
Als die Tochter von Frau Z., eine erwachsene Frau mit eigener Familie, die schon lange um die Außenbeziehung ihrer Mutter wusste, Herrn A. zufällig auf der Straße traf, stellte sie ihn zur Rede. Herr A. meinte, dass er leider viel zu sehr mit seinen eigenen Eheproblemen beschäftigt sei, um sich noch weitere Probleme aufzubürden, dass er die Beziehung zu Frau Z. immer als angenehm empfunden habe, dass er aber sicher keine Energie aufbringen könne, um sich mit einer traurigen, trauernden Witwe zu konfrontieren. Außerdem

habe ihn der logistische Aufwand des Verheimlichens schon so sehr belastet, dass er selbst einen Therapeuten aufgesucht habe: Dieser habe ihm explizit verboten, sich weiter mit Frau Z. zu treffen.

Die Geliebte: ein Kriegsgerät

Dass manche Männer relativ sorglos mit der steten Aufdeckungsgefahr umgehen, ja manchmal sogar den Eindruck erwecken, durch leicht vermeidbare Unachtsamkeit die Aufdeckung zu begünstigen, mag verschiedene Gründe haben. Einerseits besteht so die Möglichkeit, dass die Ehefrau ins Handeln gedrängt wird, also das erledigt, was er (da mit Niederlage gleichgesetzt) aus sich heraus nie tun würde, und die Trennung einleitet. Andererseits ist der Triumph, ein ganz anderer zu sein, als die Ehefrau immer behauptet, nicht halb so viel wert, wenn sie es nicht erfährt. Da hat sie nun den Beweis, dass er liebenswert ist, geliebt und begehrt wird, nun muss sie anerkennen, dass sie ihn falsch beurteilt hat, der Fehler also bei ihr liegt. Fatalerweise handelt es sich dabei aber um einen Pyrrhussieg: Die Geliebte, das vormalige „Kriegsgerät" des Mannes, wird schlagartig zur Waffe in der Hand der Ehefrau: Weit davon entfernt, ihre Ansichten den Mann betreffend zu revidieren, hat sie nun den Beweis, dass er der Unmoralische ist, der Betrüger, der Ehebrecher, derjenige, mit dem eine „anständige Frau" eben keine gute Ehe führen kann. Dass sich ein Teil ihrer Wut gegen die Geliebte richtet, nimmt der Auseinandersetzung wiederum einen Teil ihrer Sprengkraft und damit das Potenzial, die Verhältnisse nachhaltig zu verändern, verhindert aber auch ein kritisches Hinterfragen der eigenen Anteile an der offensichtlich unvorteilhaften Entwicklung. Auch von dieser Seite betrachtet ermöglicht die Geliebte so neuerlich die Aufrechterhaltung der Ehe und hilft, oft ohne es zu ahnen, bei der Stabilisierung eines immer bedrohten, prekären Gleichgewichts mit.

Was nun (in der Regel) folgt, gehört mit zum Erbärmlichsten, das Menschen einander in Beziehungen antun können: Zu Hause tobt die Schlacht, um einige Facetten und Kampfschauplätze reicher, aber immer noch in so ausgewogener Truppenstärke, dass keine Entscheidungsschlacht zu erwarten ist, während die Geliebte zum Kollateralschaden wird und die plötzliche Veränderung ihrer Rolle lange Zeit nicht verstehen kann. Was sie nun schmerzhaft erleben muss, ist die schon zuvor vorhandene, aber gut verdeckte (auch von ihr selbst tunlichst verleugnete) Verdinglichung ihrer Person; nicht sie ist (und war) gemeint, von Anfang an ging es um ihre Funktion, und die hat sich nun verändert. Vom „Hort der Freude" (und ehestabilisierenden Faktor) ist sie zu einer Kalamität geworden, die zwar noch eine Rolle spielen mag als Projektionsfläche tobender Wut seitens der Gattin. Der Mann hingegen hat keine wirkliche Verwendung mehr für sie und empfindet ihr zunehmendes Drängen, sich doch, wie immer wieder in Aussicht gestellt, für sie zu entscheiden und die Lage aktiv zu klären, als lästig und belastend. Gerade jetzt, mitten im relevanten Kampf, kann er keine weiteren energieraubenden Ablenkungen brauchen.

Wenn er sich überhaupt noch mit ihr konfrontiert (und nicht einfach unerreichbar aus ihrem Leben verschwindet), ist nun der Zeitpunkt gekommen, all die Erklärungen auszupacken, die so sattsam bekannt sind, dass sie in jeder Karikatur der Dreiecksbeziehung auftauchen, allen voran: die Kinder. Nie könnte man die Kinder verlassen, den Kindern das antun … Es gehört zu den starren, veränderungsresistenten und reflexionsvermeidenden, ideologie-äquivalenten Überzeugungsmustern in solchen Ehekonstellationen, dass Kinder im Fall einer Trennung mit Sicherheit Schaden nehmen, womit auch die Kinder – meist von beiden Ehepartnern – funktionalisiert, missbraucht und in den Dienst des überdauernden Machtkampfs gestellt werden, ausschließlich selbstbezogene Motive werden zu altruistischen Beweggründen umgedeutet. Kinder, gleich welchen Alters, leiden am allermeisten unter unsicheren, ungeklärten Verhältnissen, dauernden Spannungen und unglücklichen Eltern. Kinder nehmen dann Schaden, wenn die Eltern sich ihrer Verantwortung für sich selbst und für ihre Beziehung verweigern, wenn sie keine tauglichen Rollenvorbilder abgeben und wenn überdauernd nicht Ausgesprochenes in der Luft oder Leichen im Keller liegen. Freilich wird keines dieser Argumente, von der Geliebten vorgebracht, irgendeine Bewegung in ihre Richtung ermöglichen, ebenso wenig wie die Argumente, die man gegen die anderen Standard-Begründungen (Ansehen, Religionszugehörigkeit, finanzielle Situation, grundlegende Verantwortung für die Ehefrau etc., etc.) vorbringen kann.

Alter Wein in neuen Schläuchen

Es mag ein geringer Trost sein, dass selbst dort, wo es zu einer Trennung kommt, die neue Beziehung mit der alten Geliebten über kurz oder lang meist nur eine Neuinszenierung des alten Machtkampfs ist. Ohne den grundlegenden Willen, eigene Muster in Frage zu stellen und eigene Anteile an fatalen Entwicklungen zu identifizieren, wird jede neue Beziehung wieder in einem Funktionalisieren des Partners enden und sie damit ihres Eigenwerts berauben. Dies gilt gleichermaßen für die Geliebte, auch wenn sie im Beziehungsdreieck diejenige ist, die den höchsten Preis für ihre Selbsttäuschungsbereitschaft zahlt.

Dass selbst ein verweigertes Dreieck höchst verhängnisvolle Folgen haben kann, wenn der Machtanspruch aus der Kernbeziehung nahtlos in die Außenbeziehung übertragen wird, musste ich selbst in dramatischer Form vor vielen Jahren erleben:
Kurz nach dem Ende meines Studiums lernte ich an meinem neuen Arbeitsplatz eine mindestens fünfzehn Jahre ältere Kollegin kennen, die mich durch ihre klare, faktische, aber dennoch herzliche und menschenfreundliche Art stark beeindruckte. Wir freundeten uns an und ich erfuhr, dass sie geschieden war, eine erwachsene Tochter hatte, mit ihrem Leben zufrieden war (das merkte man ihr an) und nun plante, für sich ein Haus zu bauen. Sie war alleinstehend, einer Beziehung nicht generell abgeneigt, aber unwillig, sich halbherzig auf irgendeine Verbindung einzulassen; sollte es einmal

passen, war es recht, wenn nicht, ebenso. Sie hatte einen Baugrund gekauft, war nun dabei, Haus und Garten zu planen und verbrachte viel Zeit dort, um sich mit den Verhältnissen vertraut zu machen und den Neubau so zu gestalten, dass die Vorteile der Lage am besten zur Geltung kamen.

Eines Tages erzählte sie mir, dass sie einen Mann kennengelernt habe, der an einer Beziehung mit ihr interessiert sei; sie werde sich das anschauen, er sei zwar sehr um sie bemüht, aber fast zu sehr, habe auch gleich begonnen, sich intensiv für ihr Bauvorhaben zu interessieren und habe ihr seine Mithilfe in der Vermittlung geeigneter Handwerker und Lieferanten direkt aufgedrängt. Ihr ging das alles ein bisschen zu schnell, sie wollte ihn aber auch nicht voreilig vor den Kopf stoßen, einiges an ihm war durchaus reizvoll: Sie hatten ähnliche Interessen und Weltanschauungen, sie konnten miteinander lachen und harmonierten auch in körperlicher Hinsicht. Er war im Management einer Firma, die häufig Auslandsaufträge abwickelte, weshalb er immer wieder verreiste und dann nur schwer erreichbar war (das Ganze spielte sich in der Vor-Handy-Ära ab).

Dann rief sie mich eines Abends an und erzählte mir mehr belustigt als bestürzt, dass sie einem Betrüger aufgesessen sei: Durch einen Zufall (ein Bekannter eines Bekannten kannte jemanden, der ihn besser kannte) hatte sie erfahren, dass er verheiratet war, in aufrechter und scheinbar stabiler Ehe lebte und dass die „Abwesenheiten" diejenigen Zeiten waren, in denen er mit seiner Frau zusammen war und nicht gestört werden wollte. Sie kontaktierte ihn, erzählte ihm, was sie erfahren hatte, und teilte ihm mit, dass die Sache für sie hiermit beendet sei. Jemand, der sie von Anfang an in so wesentlichen Dingen belüge, komme für sie als Partner nicht in Frage, weil sie ihm nicht vertrauen könne.

Er stritt seine Ehe und seine Lügen gar nicht ab, wollte aber von Trennung nichts wissen und erzählte von einer völlig kaputten Ehe mit einer kalten, abweisenden Frau. Jetzt, wo er sie gefunden habe, werde er vielleicht den Mut aufbringen, sich zu trennen. Sie blieb bei ihrer Entscheidung. Was nun folgte, war eine Phase beharrlicher Verfolgung: Er legte ihr Blumen vor die Wohnungstür und aufs Auto, schrieb lange Briefe, versuchte sie an ihrem Arbeitsplatz zu erreichen und forderte eine weitere Aussprache. Sie schrieb ihm ein Mal zurück, dass sich dadurch für sie nichts ändern würde, weshalb sie ein weiteres Treffen für sinnlos halte, und reagierte auf seine übrigen Versuche nicht mehr. Ich erinnere mich noch, dass wir beide diese Hartnäckigkeit befremdend fanden, aber das war's auch schon.

Dann fuhr ich in Urlaub. Nach drei Wochen hatte ich im Flugzeug zufällig wieder eine österreichische Zeitung in der Hand, die ich ohne großes Interesse durchblätterte, bis ich an einem Artikel hängen blieb. Da stand etwas von „Tragödie", von unklarem Motiv und schrecklichen Szenen, die sich in B. abgespielt haben mussten. Ein bis dahin unbescholtener Mann, Familienvater, guter Job, geordnete Verhältnisse, hatte eine alleinstehende Frau am helllichten Tag auf ihrem Grundstück aufgesucht, hatte sie nach einem heftigen Wortwechsel offenbar mit einer Schusswaffe bedroht und hatte dann sie und sich erschossen. Sowohl der genannte Ort als auch der abgekürzte Name ließen für mich keinen Zweifel daran, dass es sich um meine Freundin handelte. So war es auch.

Die „schlagende Verbindung"

Jede Rohheit hat ihren Ursprung in einer Schwäche.
Seneca

Herr G. entstammte einem gewaltgetränkten Milieu, in dem es völlig in Ordnung war, Meinungsverschiedenheiten mit körperlicher Überlegenheit zu klären, und integrierte Gewalt bereitwillig und früh in sein Repertoire. In seiner Herkunftsfamilie war er (mit sechs Schwestern) damit auch äußerst erfolgreich; gegen den Vater, der die Mutter bei jeder Gelegenheit verprügelte, lehnte er sich nicht auf. Wenn der wieder einmal auf die Mutter eindrosch, fand er den Anblick unschön und schaute beim Fenster hinaus; dass die Mutter trotzdem beim Vater blieb, war selbstverständlich, schließlich waren sie ja eine Familie und die Mutter hatte sich die Prügel wohl selbst zuzuschreiben, weil sie den Vater immer wieder mit ihrer Eifersucht quälte. Dass der Vater tatsächlich laufend fremdging, war sein gutes Recht.
Nach einer längeren Lebensgemeinschaft, die sich ähnlich gestaltete wie das ursprüngliche Familiensystem und die nur deshalb endete, weil das Jugendamt mit der Abnahme des Kindes drohte und sich die Frau schließ-

lich für das Kind und gegen den Mann entschied, heiratete Herr G. seine erste Frau, die blöderweise gleich einmal verstarb. Zuvor versetzte sie ihm aber noch bei einer der vielen handfesten Meinungsverschiedenheiten einen Messerstich, die Narbe war deutlich sichtbar und wurde von Herrn G. als Beweis der ausgeglichenen häuslichen Verhältnisse gerne vorgezeigt. Bei ihrem Tod war Herr G. leider zu betrunken, um zu realisieren, dass er eine Leiche neben sich liegen hatte; die Trauer währte auch nicht lange, Herr G. lernte bald die nächste Frau kennen und zog mit ihr in der vormals elterlichen kleinen Wohnung ein, da der Vater mittlerweile ein Pflegefall war und die Mutter schon verstorben.

Da Herr G. nie länger als wenige Monate einer Arbeit nachgegangen war, hatte er ausreichend Zeit, die Pflege zu übernehmen, wobei diese hauptsächlich darin bestand, die erforderlichen Alkoholmengen für alle Familienmitglieder herbeizuschaffen. Nebenbei, sozusagen im Vorbeigehen, hatte er es auf die beachtliche Anzahl von 35 Vorstrafen gebracht, die meisten davon wegen Körperverletzung, gefährlicher Drohung und Diebstahl. Herr G. betonte, dass keine der Verurteilungen auf häuslicher Gewalt beruhte, durchgängig handelte es sich um Raufereien mit Bekannten, seine diversen Frauen hatten sich immer anständig verhalten und ihn nie angezeigt.

Das änderte sich, als ein Streit mit dem Vater eskalierte. Die Schilderungen waren sehr unterschiedlich, fast hatte man den Eindruck, dass sämtliche Beteiligten von unterschiedlichen Vorfällen berichteten. Herr G.

beschrieb, dass ihn sein bettlägeriger Vater ohne Vorwarnung plötzlich und unvermittelt mit einem Messer attackiert habe, das er unter dem Kopfkissen hervorgezogen hatte, die Frau gab an, dass Herr G. heimgekommen sei und ihr ohne Vorwarnung ein zufällig herumliegendes Messer am Hals angesetzt und dann den Vater am Kopf geschnitten habe (faktisch hatte sie mehrere parallele Schnittwunden am Hals und der Vater eine am Scheitel), der Vater gab an, dass der Sohn plötzlich heftig geschimpft und ihn mit dem Abstechen bedroht habe. Er habe dann gemeint, dass sich das nicht mehr auszahle, weil er eh schon so alt sei, sich aber doch Sorgen gemacht und daher die Katze als Schutzschild vor sein Gesicht gehalten (über den Zustand der Katze war nichts bekannt, diese hatte – als einzige – das Weite gesucht und war nicht mehr auffindbar). Jedenfalls hatte sich die Situation dann wieder irgendwie beruhigt, die Frau hatte das blutige Messer abgewaschen und wieder ordentlich in die Küchenschublade gelegt, sich dann aber doch entschieden, Rettung und Polizei zu rufen, weil der Vater ziemlich stark blutete. Bevor Herr G. die Wohnung verließ, schärfte er beiden noch ein, dass sie sich ihre Verletzungen bei einem Sturz zugezogen hätten, was aber leider nicht mit dem Verletzungsbild zusammenpasste, weshalb die Sache gerichtsanhängig wurde. Herr G. verlor prompt die Erinnerung an den gesamten Vorfall, wenig später konnte sich auch die Frau leider an gar nichts mehr erinnern, und der Vater verwies auf sein Alter und die bekannte Tatsache, dass man da sowieso mit der Erinnerung Probleme habe, weshalb er sich leider nicht einmal mehr seine ursprüngliche Aussage ins Gedächtnis rufen könne. Die Verhandlung war tränenreich, vor allem die Gattin beteuerte, dass sie ihren Mann natürlich wieder zurückhaben wolle und eine Trennung von ihm (die das herzlose Gericht schließlich wegen einer längeren Gefängnisstrafe in die Wege leitete) wohl nicht überleben würde.

Herr G. verbrachte vier Jahre in Haft, wurde bedingt entlassen und zog bei einer Frau ein, die er noch aus dem Gefängnis heraus brieflich umworben hatte. Es kam, was kommen musste: Trotz aller Liebe gab es Streit, es gab Prügel und Verletzungen (sie war eben blöd gefallen und außerdem sehr empfindlich), und Herr G. landete wieder im Gefängnis, diesmal allerdings nur für zwei Jahre. Nach bewährtem Muster schloss Herr G. prompt wieder Brieffreundschaften, suchte sich aus dem Angebot die attraktivste Dame aus (als Buchhalterin hatte sie ein regelmäßiges und vernünftiges Einkommen) und heiratete sie noch während der Haft.

Nach der Entlassung zog er bei ihr ein, musste sich aber leider schon bald über ihre schlampige Haushaltsführung ärgern und verdeutlichte seinen Ärger, indem er sie regelmäßig verdrosch. Als er eines Tages bei seiner Heimkehr aus der Gastwirtschaft feststellen musste, dass sie wieder nicht gekocht hatte, war das Maß voll. Er verpasste ihr mehrere Ohrfeigen, sie versuchte zu flüchten, was ihn vollends in Rage versetzte, er schlug sie mit der Faust, sie fiel zu Boden, er trat ihr mehrmals gegen den Kopf, sie wurde bewusstlos. Als sie erwachte, saß Herr G. beim Fernseher und meinte, dass es jetzt genug sei, sie solle sich nicht so blöd anstellen und lieber nachdenken, was sie nun kochen werde. Davor solle sie sich aber gefälligst waschen, weil sie überall voller Blut sei, außerdem sei sie aktuell wirklich nicht hübsch, das müsse er ihr jetzt gleich sagen, damit sie keinen Schreck bekomme, wenn sie in den Spiegel schaue. Die Frau begann zu weinen, Herr G. entdeckte seine sanftmütige Seite, zog sie hoch, bugsierte sie ins Bett und machte ihr kalte Umschläge. Davon, dass sie die Rettung rufen wollte, hielt er nichts; er meinte, das würde schon vergehen, sie müsse nur einmal ordentlich schlafen und sich eben für diese Woche in der Arbeit krank melden. Am nächsten Tag war nichts besser, weshalb die Frau ihre erwachsene Tochter anrief, die sie prompt in die Klinik brachte.

Festgestellt wurden mehrere Rippenbrüche, ein gebrochener Unterarm und eine Hirnblutung mit Hirnschwellung. Noch im Krankenhaus wurde die Aussage aufgenommen. Die Frau berichtete, dass Herr G. sie praktisch unmittelbar nach seinem Einzug geschlagen habe, er habe sie beschimpft, Sachen nach ihr geworfen und gemeint, er wisse, wie man schlagen müsse, ohne dass es zu sichtbaren Verletzungen komme. Außerdem habe er sie laufend mit dem Umbringen bedroht. Die Schläge seien ihr dann schon ganz normal vorgekommen, sie sei ihm richtig dankbar gewesen, dass er das mit dem Umbringen nicht so ernst gemeint habe, außerdem habe er ja immer wieder versprochen, dass er sich ändern werde. Angezeigt habe sie ihn nie, weil er sie dann ja vielleicht wirklich umgebracht hätte, sie habe schon Angst gehabt und ihm das auch zugetraut. Weil es ihr so schlecht gegangen sei, habe sie sich in der psychiatrischen Klinik aufnehmen lassen, dort habe sie allerdings nicht erzählt, was sie eigentlich belaste, sonst hätte man ihr sicher abgeraten, zu ihm zurückzugehen. Auch mit ihrer Tochter habe sie nie darüber gesprochen, es sei ihr peinlich gewesen, es sei ihr auch jetzt peinlich, dass die Tochter das mitbekommen habe, sie habe allerdings solche Schmerzen gehabt, dass sie sich nicht anders zu helfen gewusst und sie angerufen habe. Wie es jetzt weitergehen werde, sei noch nicht klar, weil ja die Verhandlung im Raum stehe, aber er habe ja schon wieder wunderschöne Briefe geschrieben und versprochen, dass alles anders werde nach seiner Haftentlassung, sie glaube ihm eigentlich auch, wisse aber noch nicht, wie sie das der Tochter beibringen solle. Er habe ihr nie verschwiegen, dass er alle seine Frauen geschlagen habe, er sei ja ein grundehrlicher Mensch, das schätze sie auch so an ihm.

Die Gerichtsverhandlung war direkt rührend, es gab schmachtende Blicke von beiden Seiten, Frau G. gab an, dass sie ihren Mann unbedingt zurückhaben wolle, er habe ja jetzt mehrmals versprochen, dass alles anders werde. Auch wenn er seine Partnerinnen immer misshandelt habe, sei das kein Grund, ihm nicht zu glauben, bei ihr sei es eben wahre Liebe, und bekanntlich könne Liebe alles bewegen und verändern. Auch Herr G. beteuerte, dass er seine Frau natürlich über alles liebe, der kleine Ausrutscher tue ihm sehr leid, hänge aber nur mit dem Alkohol zusammen, und nachdem er nun

(nach 40-jähriger Alkoholkarriere) sicher nichts mehr trinken werde, werde alles anders.
Als klar war, dass nichts Herrn G. vor einer weiteren längeren Haftstrafe bewahren würde können, entglitten die Emotionen. Beide waren zu Tränen gerührt, Frau G., eine nicht unattraktive, gepflegte, offensichtlich gebildete, intelligente Frau, schluchzte verhalten, Herr G., vierschrötig, grobschlächtig, rotgesichtig, mit derber Wortwahl und plumpem Auftreten, ließ seinen Tränen freien Lauf. Die Szene hatte etwas verstörend Surreales: Hier saß eine Frau, die von ihren Fähigkeiten und Möglichkeiten her durchaus in der Lage war, ihr Leben zu bewältigen, und war untröstlich, weil sie den Mann, der sie fast getötet hatte, nicht mit nach Hause nehmen konnte, einen Mann, der nie auch nur das Geringste zum gemeinsamen Lebensunterhalt beigetragen hatte, der außer regelmäßigem Alkoholkonsum keinerlei Verlässlichkeit bieten konnte, der sie seit Beginn des Zusammenlebens misshandelt hatte und der in seinem gesamten Leben bewiesen hatte, dass er nicht im Geringsten daran dachte, an seinem Verhalten auch nur die kleinste Änderung vorzunehmen.

Geschlagene Männer

In vielerlei Hinsicht entspricht diese Beziehung unserem gängigen Klischee von Misshandlungsbeziehungen: Der Mann prügelt, die Frau erduldet, und trotzdem steht sie zu ihm und wird ihn nicht verlassen, bis in alle in Ewigkeit, amen. Faktisch dürfte die Geschlechterrollenverteilung nicht ganz so eindeutig sein: Einer rezenten deutschen (anonymen) Befragung zufolge misshandeln Frauen fast ebenso häufig ihre Männer. Der Unterschied liegt in erster Linie darin, dass die geringere Körperkraft wesentlich seltener zu schweren und zwingend gerichtsanhängigen Verletzungen führt, weshalb der Großteil dieser Misshandlungen Privatsache bleibt. Dass es so ist, liegt aber wohl auch an den bei Weitem nicht überwundenen Rollenbildern, die unser Verhalten und unsere Sicht auf Partnerschaften viel umfassender prägen, als wir uns das gerne eingestehen wollen. Wenn eine Frau sich als Opfer ihres Mannes outet, ist ihr unser Mitgefühl gewiss. Jeder wird sich bemühen, sie in Sicherheit zu bringen, es gibt die Möglichkeit der Wegweisung, es gibt Frauenhäuser, die Frauen in Notsituationen prompt aufnehmen können und so zumindest die Versorgung mit basalen Dingen umgehend gewährleisten. Keiner wird sich über sie lustig machen, keiner wird sie fragen, ob sie sich denn nicht wehren könne, keiner wird die Schuld bei ihr suchen.

Ganz anders in der umgekehrten Situation: Alleine die Vorstellung, dass ein Mann sich einem Freund anvertraut und berichtet, dass ihn seine Frau regelmäßig ohrfeigt, nachts an den Haaren aus dem Schlaf und dem Bett reißt und ihm Gegenstände nachwirft, wirkt seltsam. Ein Mann, der bei der nächstgelegenen Polizeidienststelle auftaucht und um Wegweisung seiner Frau bittet, weil sie ihn wieder einmal geschlagen hat und er nicht weiß, wo er hingehen solle, wird keine Adressen von Männerhäusern bekommen und zumindest befürchten müssen, dass man ihn als Schlappschwanz ansieht, der sich „nicht einmal" seiner Frau gegenüber behaupten kann. Es sind wohl auch die Scham und die Angst vor den gesellschaftlichen Reaktionen, die verhindern, dass Männer ihre im wahrsten Sinn des Wortes „einschlägigen" häuslichen Verhältnisse öffentlich machen und damit ein Dunkelfeld erhellen, über dessen Umfang wir nur Vermutungen anstellen können und über dessen Existenz wir uns in der Regel wenig Gedanken machen.

„Und er liebt mich doch"

Was allerdings für beide Geschlechter gilt, ist das Faktum, dass solche Misshandlungsbeziehungen außerordentlich stabil sind. Wenn es zu Anzeigen kommt (und damit zu einer Veröffentlichung prekärer privater Verhältnisse), dann meist in einer gänzlich eskalierenden Situation, die ärztliche Intervention erfordert, oder deshalb, weil ein Dritter (Angehörige, Nachbarn) die Polizei ruft und diese eine eindeutige Situation vorfindet. Fast jeder, der beruflich immer wieder mit solchen Verhältnissen zu tun hat, wird ein Lied davon singen können, dass nach spätestens zwei Wochen Anzeigen meist zurückgezogen werden, dass sich die Opfer in der Verhandlung entweder an nichts erinnern können oder eigentlich nur aus eigenem Verschulden dumm gefallen sind, und beileibe nicht immer liegt es daran, dass diese Frauen von ihren Männern bedroht werden und aus Angst vor noch heftigeren Konsequenzen die Wahrheit bis zur Unkenntlichkeit verstümmeln.

Eine gängige Erklärung, die von mehr oder weniger feministischer Seite vorgebracht wird, ist die, dass Menschen nach einem langen Martyrium alle Selbstachtung verlieren und einfach nicht mehr aus sich heraus die Kraft finden, dem Elend ein Ende zu bereiten. Das mag bisweilen zutreffen, erklärt aber nicht die Tatsache, dass sich Angehörige oder besorgte Freunde oft dabei aufreiben, alles für eine Trennung zu organisieren, nächtelang auf die (es ist zumeist, aber nicht immer „die") Betroffene einzureden und die möglichen fatalen Konsequenzen des Verbleibs drastisch vor Augen zu führen. Wenn alles vorbereitet ist, wenn es nur mehr darum geht, wirklich zu gehen, verändert sich sehr häufig – gar nichts. „Nein, ich kann ihn doch nicht verlassen, eigentlich liebt er mich ja wirklich, er kann es nur nicht immer zeigen." „Nein, wir haben eine so lange gemeinsame Geschichte, ich kann jetzt nicht einfach gehen, das kann ich ihm und mir nicht antun." „Es ist wirklich sehr lieb von dir, dass du dich so um mich sorgst, aber glaub mir, er hat versprochen, sich zu ändern, und diesmal meint er es ernst, jetzt kann ich doch nicht einfach gehen."

Heerscharen von verzweifelten Eltern, Geschwistern und FreundInnen haben sich an solchen Beziehungen schon die Zähne ausgebissen, haben mit ansehen müssen, wie erwachsene, mit aller möglichen Unterstützung versehene und durchaus nicht unintelligente Menschen sehenden Auges der erwartbaren Katastrophe einer schweren Verletzung oder bisweilen sogar der „Scheidung durch den Tod" entgegengingen. Verstehen kann man das als Außenstehender nie, auch kaum akzeptieren, und ganz und gar unerträglich ist es, hilflos und zur Untätigkeit verdammt daneben stehen und bemerken zu müssen, dass alle vernünftigen Argumente nicht wahrgenommen werden. „Du hast sicher recht mit allem, was du sagst, aber ich kann einfach nicht gehen."

Abhängig bis zur Selbstaufgabe

Nach vielen Jahren in meinem Beruf und im steten Bemühen, Motive und Handlungen anderer nachzuvollziehen, bin ich überzeugt, dass eine einseitige Betrachtung immer das Bild verzerrt und damit nichts zur Lösung anstehender Probleme beiträgt. Ebenfalls überzeugt bin ich davon, dass Mitgefühl zwar eine wertvolle zwischenmenschliche Ressource ist, dass Professionalität aber auch darin liegt, sich nicht von Mitgefühl in die Irre leiten zu lassen: Menschen handeln in aller Regel entsprechend ihren eigenen Bedürfnissen, und die können nun einmal sehr unterschiedlich sein. Was dem einen besonders wichtig erscheint, mag für den anderen drittrangig sein, und es gibt in Beziehungsbelangen keine allgemeingültigen Regeln, nach denen Bedürfnisse gereiht werden müssen. Wir haben uns darauf geeinigt, besonders auffällige Abweichungen von der gängigsten Sicht als „gestört" zu betrachten (und entsprechend zu etikettieren). Das mag zwar hilfreich dabei sein, sich professionell über vergleichbare Verhaltensmuster auszutauschen, auch dabei, auf sichere diagnostische Distanz zu gehen und mit der Zuschreibung von Gestörtheit einen Teil der eigenen Frustration zu neutralisieren, liefert aber nicht automatisch einen brauchbaren Lösungsansatz für akute Notlagen.

Die gängige diagnostische Zuschreibung für Menschen, die in für sie selbst defizitären Beziehungen oft wider besseres Wissen verharren, ist die einer abhängigen Persönlichkeitsstörung. Darunter versteht man eine stabile, lebenszeitlich mehr oder weniger überdauernde Kombination folgender Verhaltensweisen:

- Bei den meisten Lebensentscheidungen wird an die Hilfe anderer appelliert oder die Entscheidung anderen überlassen.
- Die eigenen Bedürfnisse werden denen anderer, zu denen eine Abhängigkeit besteht, untergeordnet, es liegt eine unverhältnismäßige Nachgiebigkeit gegenüber den Wünschen anderer vor.
- Die Betroffenen sind unfähig, angemessene eigene Ansprüche zu äußern.
- Sie haben ein unbehagliches Gefühl beim Alleinsein aus übertriebener Angst, nicht für sich sorgen zu können.
- Es besteht häufig Angst, von einer Person verlassen zu werden, zu der eine enge Beziehung besteht, und auf sich selbst angewiesen zu sein.
- Ebenfalls besteht eine eingeschränkte Fähigkeit, Alltagsentscheidungen ohne ein hohes Maß an Ratschlägen und Bestätigung durch andere zu treffen.

Wesentlich ist, dass die Abhängigkeit dabei eine subjektiv empfundene, aber beileibe keine faktische ist, dass also die eigene Bewertung der Situation durchaus von den realen

Gegebenheiten und der Einschätzung unbeteiligter anderer abweicht, was natürlich bei diesen anderen ein ausgeprägtes Unverständnis für das abhängige Verhalten auslöst.

Für die meisten von uns ist geliebt werden, gebraucht werden ein sehr hohes, wenn nicht das höchste Ziel, ein sinnstiftendes, ein fundamentales Bedürfnis, dem wir manches opfern und unterordnen. Das geht so lange gut, als wir uns selbst dabei achten können und uns nicht verlieren, um nur ja einen anderen zu finden, zu halten, zu binden. Die nachgerade panische Angst abhängiger, zu Depressionen neigender Menschen, den anderen zu verlieren, denjenigen, in dem sie sich spiegeln und dadurch ihrer Existenz versichern, erscheint wie eine Angst vor Vernichtung, vor einem Tod, der unerträglicher und schmerzhafter ist der faktische (vielleicht sehenden Auges in Kauf genommene) Tod, weil man ihn lebend ertragen muss. Fällt der Spiegel weg, verschwindet das eigene Bild und damit gleichzeitig auch der Mensch, der nicht aus sich selbst heraus bestehen kann.

Es ist eine zwingend zum Scheitern verurteilte Übung, den Abhängigen in eine Trennung zu treiben, es wird ihn panisch machen und manchmal sogar offen aggressiv, es wird nur dazu führen, dass diejenigen Beziehungen zerbrechen, auf die die Betroffenen zumindest in äußerster Not bisweilen zurückgreifen. Natürlich steht es jedem frei, sich nicht zum ohnmächtigen Zeugen eines absehbaren Dramas machen zu lassen, das sollte man aber auch beizeiten in klaren Worten genau so ansprechen, bevor frustrierte Hilfestellung in ohnmächtige Verzweiflung umschlägt und die Wut über die eigene Hilflosigkeit beim Helfen unschöne Eskalationen gebiert und nur verbrannte Erde zurücklässt. Was sich dann auch einschleichen kann, ist Verachtung für denjenigen, der wider alle Vernunft auf seinem Irrwitz beharrt und partout nicht einsehen will, in welche Gefahr er sich damit bringt, Verachtung, die das Gegenstück der fehlenden Selbstakzeptanz und defizitären Selbstdefinition ist, mit denen solche Menschen in Misshandlungsbeziehungen geraten und in ihnen verbleiben.

Die Aggression des Geknechteten

Selbstverständlich sind Menschen aber komplexer, als einfache diagnostische Zuschreibungen dies erfassen und ausdrücken können, und gerade in Beziehungen agiert keiner für sich alleine auf einer Insel, ohne dass sein Verhalten auch Einfluss hätte auf das Verhalten des anderen. Die anklammernde, sich bedingungslos unterordnende Haltung des einen beeinflusst auch das Verhalten des anderen, bedingt es mit und führt zu einem fatalen pas-de-deux. Ein Mensch, der durch sein gesamtes Verhalten Unterordnung und mangelnde Selbstachtung signalisiert, wird leichter von anderen missachtet werden; ein Mensch, der jeden Übergriff schweigend und schicksalsergeben hinnimmt, trägt durch sein Verhalten auch dazu bei, dass alles bleibt, wie es ist.

Die unangenehme und mit den gängigen moralischen Wertungen so schwer vereinbare Wahrheit (und das Geheimnis der Stabilität vieler von Misshandlung geprägter, um nicht zu sagen zusammengehaltener, Beziehungen) liegt auch darin, dass das Opfer den Täter schuldig werden lässt. „Nicht der Mörder, der Ermordete ist schuldig", hat Franz Werfel eine frühe Novelle betitelt und sich damit auf die destruktive Dynamik bezogen, die sich in nahen Beziehungen entwickeln kann und sich der oberflächlichen Wertung entzieht: Indem ich dem anderen keine Grenzen setze, ermögliche ich seine Übergriffe, indem ich in duldender Ergebenheit verharre, vermittle ich dem anderen seine moralische Unterlegenheit und erwecke in ihm Schuldgefühle, die er wieder aggressiv auslebt – eine schier unentrinnbare Spirale, die sich um die Verteilung von Macht und Schuld dreht, zwei kolossale Themenkomplexe, die in jeder Drehung immer wieder neu zugeteilt werden. Die alles ertragende, alles erduldende Rolle ist dabei nicht frei von Aggression, einer verdeckten, aber durchaus wirksamen und perversen Form von Aggression (wobei natürlich jede/r Betroffene eine solche Interpretation weit von sich weisen würde). Das Verhältnis der Partner ist, wie schon beschrieben, oftmals äußerst stabil, ein beiden vertrautes, gut memoriertes Stück, aus dem keiner dem anderen einen Ausweg gönnt, in dem aber jeder im anderen im Ergebnis das Schlechteste zur Entfaltung bringt.

Misshandlungsbeziehungen enden meist erst dann, wenn es, so wie im beschriebenen Beispiel, durch äußere Einflüsse zur Trennung kommt oder wenn sich ein anderer Partner anbietet, der bereit ist, dasselbe Stück weiterzuspielen. Bisweilen lassen sich Frauen von Männern aus solchen Beziehungen „retten", und schon nach kurzer

Zeit stellen die entsetzten Freunde fest, dass der neue kein Iota besser ist als der alte. „Wie kann man nur so ein Pech haben", „Die Arme, jetzt hätte sie sich wirklich endlich einen anständigen Mann verdient, und prompt ist sie wieder bei so einem Kerl gelandet."

Frau S. war von ihrem Mann jahrelang verprügelt worden, mit teilweise schwerwiegenden, von ihr erfolgreich vertuschten Verletzungsfolgen, bis er sie eines Tages so schlug, dass sie ein Auge verlor und fast an ihren Kopfverletzungen starb. In der Hauptverhandlung hatte sie um Milde gebeten für ihren Mann, der trotzdem eine ziemlich lange Haftstrafe bekam. Sie besuchte ihn, trotz umständlicher und langer Anreise, wöchentlich, er war anfangs davon sehr angetan und benutzte diese demonstrierte Zuneigung, um sich jeder angebotenen Auseinandersetzung mit seinen eigenen problematischen Verhaltensmustern zu entziehen: Wenn sie immer noch kam, konnte er ja wohl kein so schlechter Mann gewesen sein. Da saß sie nun im Besucherraum, Woche für Woche, mit weichem Blick und schwarzer Augenbinde, und nach einigen Jahren hatten sich die beiden rein gar nichts mehr zu erzählen, aber nichts konnte sie von der Demonstration ihrer liebevollen Ergebenheit abhalten. Es war fast spannend zu beobachten, wie Herr S. immer unrunder wurde, wie er ihre Besuche nicht mehr als As in seinem Ärmel ansah, sondern als Belastung, und wie er schließlich meinte, dass er diesen dauernden lebenden Vorwurf nicht mehr ertrage. Nach Rücksprache mit seinem Therapeuten teil-

te er schließlich seiner Frau mit, dass er die Scheidung einreichen und sie nicht mehr sehen wolle, was bei ihr tiefe Verzweiflung hervorrief und bei all ihren Bekannten und Angehörigen Entsetzen über die abgrundtiefe Undankbarkeit des Mannes. Die Verzweiflung hielt so lange an, bis Frau S. einen neuen Partner hatte, einen Mitinsassen ihres Mannes, der wegen fortgesetzter Misshandlung und schließlich Tötung seiner Frau eine lebenslange Freiheitsstrafe verbüßte.

Gewohnte Muster bieten Sicherheit, auch wenn diese Sicherheit – von außen betrachtet – teuer erkauft wird. Lieber das vertraute Elend in der Sicherheit der eigenen Rolle und der moralischen Überlegenheit als die unwägbaren Unsicherheiten einer neu zu erringenden Selbstdefinition.

Frauensachen

... And she *knows, because* she *warns him,*
and her instincts never fail,
That the female of her species is more deadly
than the male.
RUDYARD KIPLING

Frau R. war schon seit neun Jahren Witwe und hatte ihren Sohn, ihr einziges Kind, alleine aufgezogen. Den Versuch, wieder eine Partnerschaft einzugehen, hatte der Sohn hintertrieben, er vertrug sich nicht mit dem neuen Mann im Haus und die Mutter schaffte es nicht, ihn in die Schranken zu weisen, war wohl auch ein bisschen stolz darauf, dass der Sohn so vehement darauf bestand, sie mit keinem anderen zu teilen. Danach hatte sich nichts mehr ergeben, sie brauchte auch alle verfügbaren Energien, um die diversen Entgleisungen des Sohnes auszugleichen. Er hatte relativ bald, mit vierzehn, in seiner Clique mit Cannabiskonsum begonnen, war schon mehrmals erwischt worden und hörte nicht auf sie, wenn sie ihm die möglichen Konsequenzen dieses Verhaltens vor Augen führte. Außerdem brauchte er viel Geld, er hatte einen teuren Geschmack, sodass sie

einen zusätzlichen Job annahm, um seine Wünsche erfüllen zu können. Frauen stand eben eine dienende Rolle zu, das hatte sie zu Hause so gesehen und gelernt und schließlich verinnerlicht, er hingegen war ihr „Prinz" und benahm sich entsprechend.
Jetzt aber sollte er heiraten. Die Frau hatte er selbst ausgesucht, und Frau R. war mit der Schwiegertochter nicht ganz einverstanden. Zu selbständig war die, zu herrschsüchtig, sie widersprach ihrem Verlobten, bestand darauf, weiterhin auch ohne ihn fortzugehen und machte nicht den Eindruck, als ob sie demnächst Kinder bekommen wollte. Er hingegen war völlig versessen auf sie, trug sie auf Händen und verlangte von der Mutter, dass sie zu Hause nicht nur ihn (was selbstverständlich war), sondern auch die Freundin bediente. Sie hatte die Familie ihrer Schwiegertochter schon kennengelernt, von dort konnten deren Flausen nicht stammen. Der Vater war ein großer, dominanter und lauter Mann, die Mutter still und unterwürfig und offenbar recht unglücklich über das Verhalten der Tochter. Ihr Sohn war natürlich bei den Schwiegereltern sehr geschätzt, er war ja auch wirklich ein schöner Mann und würde mit seiner künftigen Frau schöne Kinder bekommen.
Bei der Hochzeit ging alles gut, die Schwiegertochter verhielt sich Frau R. gegenüber höflich und respektvoll, veranstaltete keine Szenen und war wirklich attraktiv. Gedanken machte sich Frau R. eher über den Vater der Schwiegertochter, der war nämlich bei der Feier mehr an ihrer Seite als an der Seite seiner Frau, warf ihr eigenartige Blicke zu und machte ihr Komplimente. Als

er eine Woche später bei ihr auftauchte – sie waren ja jetzt eine Familie –, wurden seine Absichten eindeutig. Die Situation war natürlich völlig unmöglich, andererseits war es angenehm, nach Langem wieder von einem Mann umworben und begehrt zu werden; der Sohn war aus dem Haus, sie hatte mehr Zeit und niemanden mehr zu umsorgen und sie konnte sich sicher sein, dass der Mann so sehr wie sie daran interessiert sein würde, die Affäre geheim zu halten.

Ein halbes Jahr lang überwogen die angenehmen Seiten, dann stellte er sein Werben ein, begann, sie als seinen Besitz zu betrachten und wurde herrisch, fordernd und unzuverlässig. Frau R. hatte eigentlich schon genug von der Liaison, die Situation war immer stressiger geworden, das Versteckspiel immer unangenehmer, ein paarmal wären sie fast entdeckt worden, als der Sohn – wie üblich ohne anzuläuten – mit seinem Schlüssel in ihre Wohnung kam und sein Schwiegervater in ihrem Bett lag. Sie versuchte, vorerst zaghaft, ein Ende anzusprechen, hatte aber nicht mit seiner heftigen Reaktion gerechnet. Das kam für ihn gar nicht in Frage, er sah überhaupt keinen Grund, die Annehmlichkeiten aufzugeben. Bei seiner Frau waren nach einer Unterleibsoperation gewisse Schwierigkeiten aufgetreten, ein Mann brauchte das eben, es blieb ja sozusagen in der Familie.

Als Frau R. immer wieder auf das Thema zurückkam, begann er sie zu schlagen, zuerst nicht heftig, aber immerhin heftig genug, um die Ernsthaftigkeit seiner Absichten zu verdeutlichen. Außerdem meinte er, dass er ja jederzeit die ganze Geschichte aufdecken könne, seine Frau würde keine Schwierigkeiten machen, die kannte ihren Platz, aber bei ihrem Sohn wäre er sich da nicht so sicher: Der würde das wohl als Schande sehen, die sie über die Familie gebracht hatte, und ob er dann noch Kontakt zu ihr wolle, sei sehr fraglich.

Frau R. saß in der Falle. Allein die Vorstellung, dass ihr Sohn sich von ihr abwenden könnte und sie als einsame, von allen gemiedene Witwe ihre Tage zubringen sollte, war so entsetzlich, dass sie gar nicht weiter darüber nachdenken konnte. Irgendwann würden ja Enkelkinder kommen, auf die freute sie sich schon sehr, und dann dürfte sie diese womöglich nicht einmal sehen – nein, das war undenkbar. Sie appellierte an seine Vernunft, an seine Ehre, er blieb bei seiner Position und schlug sie wieder.

In Frau R., die immer mehr unter Druck geriet, formulierte sich der Wunsch, dass er einen Unfall haben sollte, irgendwas, das sie von ihm befreien würde. Er müsste ja nicht gleich tot sein, nur immobil, bettlägerig, was immer. Andererseits, erst wenn er tot wäre, wäre sie wirklich frei: Solange er lebte, bestand die Gefahr, dass er redete, und wenn auch nur, um ihr zu schaden. Die Intimitäten waren mittlerweile zu einer völlig einseitigen Bedürfnisbefriedigung verkommen, er benutzte sie wie ein Möbelstück, sie ertrug ihn kaum mehr, wenn er keuchend auf ihr lag, es war nicht mehr zum Aushalten. Wenn er tot wäre … der Gedanke war verführerisch. Bei all dem, was er ihr angetan hatte, konnte es keine so große Sünde sein, wenn sie da nachhalf, eigentlich war es Notwehr, und die war ja prinzipiell in einer Extremsituation wie der ihren erlaubt. Die Frage war nur, wie sie es anstellen sollte: Er war deutlich kräftiger als sie, sie hätte in einem Kampf keine Chance. Gift wäre eine Lösung, aber erstens wusste sie nicht, was sich gut eignen würde, und zweitens konnte man nicht vorausplanen, wann das wirken würde. Vielleicht wäre er dann schon wieder zu Hause oder unterwegs, er würde sich unwohl fühlen, käme ins Krankenhaus, man würde Tests machen, er würde eins und eins zusammenzählen, und im Ergebnis wäre sie im Gefängnis und er das Opfer.

Nein, da musste es eine bessere Lösung geben. Er musste in ihrer Wohnung sterben, nur dann hätte sie eine Chance, die Leiche verschwinden zu lassen. Er fuhr ja immer wieder für ein, zwei Wochen ins Ausland, und meistens besuchte er sie vor seiner Abfahrt und unmittelbar nach seiner Rückkehr, was natürlich keiner wusste. Wenn sie ihn davor … dann käme er einfach nicht mehr zurück, und man würde ihn ganz woanders vermuten und auch nicht so bald nachforschen, wenn er länger fortblieb. Vielleicht war seine Frau auch ganz froh, wenn sie von diesem Tyrannen einmal einige Zeit Ruhe hatte, die würde nicht sofort zur Polizei gehen und sein Verschwinden anzeigen.

Eigentlich war der Plan gut. Es gab nur zwei offene Fragen: Wie sollte sie es machen, und wohin mit der Leiche. Er war zu kräftig und ihr körperlich weit überlegen, einen Kampf konnte sie keinesfalls riskieren und sie konnte ihn unmöglich transportieren, es sei denn, sie würde ihn zerteilen. Früher, in der Zeit mit ihrem

Mann, hatten sie gelegentlich Schweine und Schafe geschlachtet und zerlegt, das konnte bei einem Menschen ja nicht so anders sein, das würde sie schaffen. Am besten machte sie das wohl in der Badewanne … Und wenn er bei ihr war, schlief er nachher immer ein, nicht lange, aber ausreichend lange, als dass sie mit einem gezielten Stich in den Hals ihrer Bedrängnis (und ihm) ein Ende bereiten konnte.

Frau R. tötete ihren schlafenden Liebhaber, zerteilte ihn wie geplant in der Badewanne und verteilte seine Überreste in Plastiksäcken auf mehreren Mülldeponien, wo ein Teil zufällig gefunden wurde und schließlich zu ihrer Aufdeckung führte. In der Gerichtsverhandlung bereute sie zutiefst – sich in diese Lage gebracht zu haben. Die Ehe ihres Sohnes zerbrach am Delikt.

Frauen haben, darin sind sich alle Statistiken einig, einen geringen Anteil an schweren Gewaltverbrechen. Sie begehen weniger als zehn Prozent aller Morde und nicht einmal zehn Prozent der Körperverletzungen. Laut österreichischer Kriminalstatistik 2014 wurden sechsmal mehr Männer als Frauen verurteilt, auch in der Wiederverurteilungsquote schnitten Frauen etwas besser ab (35,6 Prozent: 26,0 Prozent). Der Frauenanteil an Inhaftierten beträgt 5,8 Prozent.

Dafür gibt es verschiedene Erklärungsansätze. Cesare Lombroso, ein im 19. Jahrhundert tätiger Gerichtsmediziner und Psychiater und Urheber vieler fragwürdiger Theorien im Bereich der Kriminalität, meinte, dass Prostituierte und weibliche Kriminelle auf idente Weise abartig seien; wenn man die beiden Gruppen addiere, gleiche sich der Unterschied aus.

Thematisiert wurde auch der maskierte Charakter weiblicher Kriminalität: Frauen würden ihre mangelnde körperliche Stärke durch subtilere, aber nicht weniger bösartige Methoden ausgleichen. Nach dem Etikettierungsansatz reagieren vorwiegend männliche Normdurchsetzer Frauen gegenüber weniger rigide, was bei Frauen zu einer geringeren Zahl von Verurteilungen führt. Die sozialisationstheoretische Erklärung sieht Frauen eher an idealistischen als an materialistischen Werten orientiert, sie hätten eine höhere Normtreue und würden das Sanktionsrisiko höher (und damit realistischer) einschätzen. Die angewandte Kriminologie sieht keine strukturellen Unterschiede zwischen Frauen- und Männerkriminalität und auch keine Unterschiede in Bezug auf frühe Auffälligkeiten, unstrukturiertes Freizeitverhalten und Vernachlässigung sozialer und beruflicher Pflichten; sie kann aber die unterschiedliche Repräsentanz in der Kriminalstatistik damit nicht erklären.

Der Blick durch die Schablone

Da Frauen sich gleich häufig trennen (oder verlassen werden) wie Männer und da der Großteil der schweren Gewaltverbrechen Beziehungspartner betrifft, aber offenbar von Männern begangen wird, könnte man also auf die Idee kommen, Frauen seien die besseren Menschen. Gendertheoretische Erklärungsansätze weiblicher Aggressionsdelikte wollen denn auch in den Motiven wesentliche Unterschiede erkennen: Männer, so die Behauptung, töten, um nicht verlassen zu werden und der unwiderruflich letzte Mann im Leben ihrer nachträglich zur „großen Liebe" hochstilisierten Partnerin zu sein. Frauen hingegen töten, um sich aus einer Beziehung zu lösen, in der sie leiden, aus der sie sich aber sonst nicht befreien können, ohne dass wesentliche eigene Interessen auf der Strecke bleiben. Nun ist es ja nicht so, dass das Leiden ein ausschließlich Frauen vorbehaltener Zustand, sozusagen ein weibliches Privileg ist, und es ist auch nicht so, dass die fehlende Bereitschaft, Nachteile einer Trennung in Kauf zu nehmen, ein Tötungsdelikt quasi legitimiert. Trotzdem fällt bei Durchsicht der medialen Berichte zu weiblichen Gewaltdelikten ein Unterton auf, der in Berichten über männliche Aggressionshandlungen fast nie anzutreffen ist, nämlich ein zwischen den Zeilen vermitteltes Verständnis für die Frau, die sich einer unerträglichen Lage über einen gewaltigen „Befreiungsschlag" entzieht.

Während bei männlichen Delikten im Rahmen von Trennungen meist das Bild des besitzergreifenden, dominanten Mannes gezeichnet und jeder Verweis auf eine von Gewalterfahrung geprägte Kindheit und Jugend nur als „Ausrede" und billiger Erklärungsversuch abgetan wird, finden sich in Berichten über Mörderinnen regelhaft verständnisheischende Zuschreibungen: Der Mord sei „der Versuch, eine unerträgliche Qual zu beenden" (wieso aber ausgerechnet auf diese Weise?), sie hätten „oft jahrelang nur stillgehalten" (wieso eigentlich?), Frauen töteten, „um sich aus Beziehungen zu befreien, in denen sie geprügelt und gedemütigt" würden (gibt es da nicht andere, legitimere Methoden?), wenn Frauen zu Mörderinnen würden, spiele „oft ihre Vergangenheit eine Rolle" (nur bei Frauen, bei Männern nicht?).

Selbst die amerikanische Serienmörderin Aileen Wournos, die zumindest sieben ahnungslose Männer, die ihre angebotenen sexuellen Dienste in Anspruch nehmen wollten, ausraubte und erschoss (und nachher unter anderem – ihre Begründungen waren sehr wechselhaft – behauptete, dass sie sich bei allen nur gegen Übergriffe gewehrt habe), fand bei manchen umfassendes Verständnis. Phyllis Chesler, Psychotherapeutin, Feministin und vormals Professorin für Psychologie und Frauenforschung in New York, interpretierte die Raubmorde als „Folge von Gewalt gegen Prostituierte" und die über Wournos verhängte Todesstrafe als Beispiel dafür, was Frauen bevorstehe, die „zurückschlagen". Die Menge der Freier sei ihr zu viel geworden, sodass sie „verrückt wurde oder einen lichten Moment hatte". Einer der ersten Vorfälle, der Wournos mit einem Gericht in Kontakt brachte, war übrigens häusliche Gewalt: Die damals Zwanzigjährige hatte ihren 69-jährigen, vermögenden Mann schon kurz nach der Hochzeit mit seinem Krückstock so verprügelt, dass er ein Kontaktverbot erwirkte und sich schließlich nach elf Wochen Ehe scheiden ließ.

Eine Frau, die schon wegen schwerer Körperverletzung zum Nachteil eines früheren Partners verurteilt war, verließ vor den Augen ihres aktuellen Partners das Lokal, in dem die beiden ihrer wichtigsten Beschäftigung, dem Trinken, nachgingen, mit einem anderen. Als sie Stunden später nach Hause zurückkehrte, eskalierte ein Eifersuchtsstreit, sie nahm ein Küchenmesser und stach auf ihn ein. Nachdem sie ihm längere Zeit beim Verbluten zugesehen hatte (er starb erst Stunden später), informierte sie telefonisch ihre Freundin, dass sie nun wieder Single sei. Der Verteidiger betonte die schwere Kindheit seiner Mandantin.

Abgesehen davon, dass eine schwere Kindheit nicht nur die eine, die weibliche Hälfte der Menschheit betreffen kann, ist es schon eine beträchtliche gedankliche Volte, mehrere Raubmorde als „lichte Momente" einer misshandelten Frau zu klassifizieren oder die ureigene hohe Aggressionsbereitschaft und das fehlende Mitgefühl einer Person monokausal auf ein schwieriges Primärmilieu zurückzuführen und damit gleich einmal jede Eigenverantwortung zu eliminieren. Ohne Zweifel stellt eine von Gewalt und Beziehungsabbrüchen geprägte Kindheit einen zentralen Risikofaktor dar für problematische Persönlichkeitsentwicklungen; das Problem liegt auch nicht darin, dass in der Ableitung aktueller begangener Gewalthandlungen auf frühere erlittene Gewalt verwiesen wird; es liegt vielmehr in der Ungleichgewichtung, mit der biografische Einflüsse bei Frauen und Männern bewertet werden. Die völlig zu Recht eingeforderte Gleichberechtigung kann nur dann vorliegen, wenn das Geschlecht in der Bewertung einer Person keine Rolle spielt, weder im Positiven noch im Negativen: Feministische Positionen, die einerseits die absolute Gleichstellung der Frau fordern und andererseits „Sonderkonditionen“ im Fall weiblicher Gewaltanwendung postulieren, führen sich selbst ad absurdum, indem damit nur eine andere, für Frauen vorteilhaftere Form der Ungleichheit propagiert wird. Ein Posting unter einem einschlägigen verständnisheischenden Artikel über ein weibliches Tötungsdelikt (offenbar von einem Mann verfasst) lautete: „Es ist erschreckend, dass überhaupt jemand auf die Idee kommt, ein Mordmotiv als ‚edel‘ zu verklären. Dieser Schwachsinn ist wohl der Höhepunkt der feministischen Demütigungen, die ein Mann im Zeitalter der Emanzipation hinnehmen muss.“ Er hat insofern recht, als der immer noch reichlich vom Bild der reinen, guten, mütterlich-versorgenden, friedfertigen, duldenden Frau beeinflusste und getrübte Blick auf weibliches Verhalten die destruktiven Seiten ebendieses Verhaltens weitgehend ausklammert; und für den Fall, dass diese unübersehbar zutage treten, werden dann eben diverse Pseudo-Rechtfertigungen vorgeschoben, die nur ja nicht das Bild der Frau als besserer Mensch trüben sollen.

Weibliche Destruktivität

Frauen werden weltweit, bis zu einem gewissen Grad auch abhängig von kulturellen Gegebenheiten und männlich dominierten Traditionen, sehr oft Opfer männlicher Gewalt. Das ist entschieden zu verurteilen und zu bekämpfen. Gewalt kann allerdings nicht „aufgerechnet“ werden: „Weil in Indien so viele Frauen wegen ihrer Mitgift ermordet werden, muss man jetzt schon ein bisschen nachsichtig sein, wenn Frau A. Herrn B. ersticht"; „Weil Frauen im Geltungsbereich der Scharia schlechter gestellt sind, muss man verstehen, dass Frau D. ihren Mann erschießt, der sich partout nicht von ihr trennen will"; „Dass Frau F. immer wieder von ihrem Mann beschimpft und gedemütigt wird, sie bei einer Trennung aber das Haus nicht behalten könnte, erklärt hinlänglich, dass sie ihn nun vergiftet hat. Außerdem hatte sie ja keine schöne Kindheit und wurde von ihrem Vater häufig geschlagen, und in Indien stehen brutale Vergewaltigungen auf der Tagesordnung" …

Die Überhöhung der Argumentationslinie führt die Absurdität der Argumente vor Augen und zeigt, dass ein Feminismus, der sich dem Thema weiblicher Gewaltanwendung verschließt oder diese ausschließlich zum nachvollziehbaren reaktiven Phänomen umdeutet, niemandem einen guten Dienst erweist. Die Psychiaterin Sigrun Roßmanith bezieht sich darauf in einem Interview: „Die Emanzipation der Frau hat zwar viel bewirkt, aber auch ein falsches Bild gezeichnet. Der Feminismus wehrt sich entschieden dagegen, aber letztlich muss man sagen, die Schattenseiten der Frau, das negative, destruktive Potenzial wurde viele Jahre ausgeklammert vom Feminismus. Es entstand so der Eindruck: Hier sind die Bösen, die Täter, und da ist das schwache Geschlecht, die Guten, Friedfertigen, also die Frauen als bessere Menschen. Demnach könnte man gewissermaßen meinen, dass Frauen immer Opfer sind. Sie sind sehr oft Opfer und bei häuslicher Gewalt widerfährt Frauen weltweit sehr Schlimmes. Aber wenn man diese eigentlich kriminalstatistisch belanglose Zahl der gewalttätigen Frauen einmal doch unters Mikroskop nimmt, sieht man, dass Frauen in ihrer Destruktivität Männern in keiner Weise nachstehen."

Die immer noch reichlich vorhandenen, oft nicht einmal bösartig motivierten sexistischen Grundhaltungen, die in subtiler Form zum Ausdruck kommen, böten hinreichend Betätigung für die Arbeit an der Gleichberechtigung (so werde ich in Diskussionsrunden beispielweise oft gefragt, wie es mir gelinge, berufliches Engagement und Privatleben unter einen Hut zu bringen, eine Frage, die man einem Mann wohl so nicht stellen würde), sodass es eine Ressourcenvergeudung ist, sich an leicht widerlegbaren Überzeugungen abzuarbeiten.

Offen bleibt die Frage, wie das Faktum der deutlich geringeren Präsenz von Frauen im strafrechtlichen Kontext zu bewerten ist bzw. was diese Tatsache über die Gewaltbereitschaft von Frauen aussagt. Vermutlich wird man keine Antwort darauf finden, wenn man Gewalt sehr eng, nämlich nur als offenkundige, sichtbare und mit Verletzungsfolgen einhergehende Aggression definiert. Frauen sind Männern körperlich unterlegen, es wäre für Frauen daher unklug und absehbar zum Scheitern verurteilt, sich auf ein handfestes Kräftemessen einzulassen. Wenn Frauen ihre Partner in Trennungssituationen oder aus Rache töten, umgehen sie den biologischen Nachteil, indem sie den Partner im Schlaf, von hinten oder mit Gift, also mit Methoden, bei denen die Körperkraft wenig Rolle spielt, ermorden.

Sobald man den Begriff der Gewalt aber weiter fasst, wie dies der schwedische Friedensforscher Johan Galtung in seiner Definition aus 1975 empfiehlt, hebt sich die Ungleichheit in der Gewaltausübung vermutlich auf. „Gewalt liegt dann vor, wenn Menschen so beeinflusst werden, dass ihre aktuelle somatische und geistige Verwirklichung geringer ist als ihre potenzielle Verwirklichung … Gewalt ist das, was den Abstand zwischen dem Potenziellen und dem Aktuellen vergrößert oder die Verringerung dieses Abstandes erschwert." Dann fielen sowohl die schon beschriebenen öffentlichen Diffamierungen des Partners, die Beschuldigungen und das Bestreben, den vormaligen Partner der strafrechtlichen Verfolgung auszusetzen und ihn damit nachhaltig zu „entfernen", in diese Kategorie, ebenso wie die verbalen Entwertungen und die ausschließlich dem Partner schuldhaft zugeschriebene Unzufriedenheit mit dem eigenen Leben; und dass Frauen hier unterrepräsentiert wären, kann man wohl nicht guten Gewissens behaupten. „Beide Geschlechter besitzen eine Grausamkeit gegeneinander, die sich vielleicht in jedem Individuum zu Zeiten regt, ohne gerade ausgelassen werden zu können", formulierte Johann Wolfgang von Goethe, und es ist fraglich, ob die Folgen psychischer Gewalt, von Erniedrigung und Demütigung den Folgen körperlicher Gewalt in ihrem destruktiven Potenzial für die Kohärenz und innere Stabilität einer Person wirklich nachstehen. „Es ist schwer, sich gegen eine Gewalt zu wehren, die weder greifbar noch beweisbar ist und die doch verletzt. Seelische Gewalt erniedrigt, nimmt die Selbstachtung, macht hilflos. (…) Ich habe mich mit Bedacht dafür entschieden, die Begriffe ‚Angreifer' und ‚Angegriffener' zu gebrauchen; denn es handelt sich bei seelischer Gewalt erwiesenermaßen um eine Gewalttat, selbst wenn sie im Verborgenen verübt wird.

(…) Es geht um einen wirklichen Prozess seelischer Zerstörung, der zu Geisteskrankheit und Selbstmord führen kann", schreibt Marie-France Hirigoyen in ihrem Buch „Die Masken der Niedertracht" und beschreibt damit ein Phänomen, in dem Frauen Männern zumindest ebenbürtig sind. Insofern Trennungssituationen in Menschen oft die schlechtesten Eigenschaften zum Vorschein bringen, müssen auch Männer in solchen Zeiten mit einer erhöhten Gewaltbereitschaft ihrer vormaligen Partnerin rechnen.

Die belanglose Trennung

Man kommt, man geht, man geht, man kommt,
Kurtisanen spielen mit den Vögelchen (...)
Die Frommen sind es nur äußerlich,
die Gerechten nur gesetzlich,
die Verliebten nur begehrlich,
Geiz ist ehrlich, Trauer ist Vorwand,
Lügen Wahrheit, Ordnung Verwüstung.
Was ist wirklich?
GUSTAV MEYRINCK

Frau T. wurde von ihren Freundinnen überredet, ihr Single-Dasein durch die Anmeldung bei einer Partnerbörse zu beenden. Schon das Erstellen des eigenen Profils war ein seltsamer Vorgang, so wie eine Selbstbeschreibung unter Beachtung marktwirtschaftlicher Prinzipien, also etwas, worin sie nicht geübt war. Noch seltsamer war das Ergebnis: eine Reihe von Herren, die sich mit mehr oder weniger befremdenden Schreiben um ein Kennenlernen bewarben. Nachdem sie diejenigen aussortiert hatte, die in jedem zweiten Wort mit der Orthografie kämpften (und verloren), die schwülstig-kitschige Tiraden absonderten und die gebunden waren und eindeutig keine Beziehung, sondern „Abwechslung" suchten, blieben fünf übrig, mit denen sie vorerst einmal schriftlich verkehrte. Drei davon eliminierten sich selbst: Als sie sich mit dem einen nicht sofort treffen, sondern ihn vorerst noch schriftlich näher kennenlernen wollte, meinte er, dass sie dann wohl ausscheide, er habe zwei weitere „im Rennen" und werde sich demnächst für eine davon entscheiden, er habe keine Lust, noch länger zu warten. Ein anderer verschwand kommentarlos vom Bildschirm (und hatte wohl sein Ziel andernorts erreicht), der dritte entpuppte sich schließlich doch als verheiratet, dachte eine Trennung an und wollte sich vorab schon für die Zeit danach „absichern". Mit zweien traf sie sich, wobei eines der Treffen so langweilig war, dass beiden klar war, dass es keine Fortsetzung geben würde.

Der zweite war nett, umgänglich, nicht unattraktiv und interessiert. Es gab weiteren Verabredungen, Theaterbesuche, gemeinsames Wandern, Laufen, Kino, man lernte den einen oder anderen Bekannten des anderen kennen, man besuchte sich gegenseitig zu Hause: Frau T. begann, anderen gegenüber von „ihrem Freund" zu sprechen, er begann, einen gemeinsamen Urlaub zu planen, man glich die möglichen Urlaubszeiten ab, es sah definitiv aus wie eine Beziehung und fühlte sich auch so an. Nach vier Monaten fuhren sie für ein verlängertes Wochenende zum Skifahren, alles war harmonisch, sie hatten Spaß miteinander, er war ihr gegenüber sehr aufmerksam und liebevoll und beteuerte, wie viel Glück er gehabt habe, sie kennenzulernen.

Sonntagabends kamen sie zurück und vereinbarten, am Dienstag ins Kino zu gehen, sie würden sich noch wegen der Details zusammenrufen. Außerdem hörten sie sich sowieso täglich, manchmal mehrmals. Da er am Montag einen sehr dichten Arbeitstag hatte, dachte sie sich nichts, als er sich nicht meldete, schrieb ihm am Abend ein sms, in dem sie ihm eine gute Nacht wünschte, wunderte sich etwas, als er nicht reagierte, und ging schlafen. Als am Dienstag immer noch keinerlei Reaktion kam, war das schon seltsam. Sie schrieb ihm wieder und fragte, ob es ihm gut gehe: keine Antwort. Sie rief an, keiner hob ab. Jetzt machte sie sich langsam Sorgen und kontaktierte daher am Nachmittag sein Büro, wo ihr seine Sekretärin mitteilte, dass er in einer Besprechung sei und leider nicht ans Telefon kommen könne. Sie ließ ihm ausrichten, dass er sie zurückrufen möge, er ließ nichts von sich hören. Sie versuchte es per sms, per Mail, keine Reaktion. Er war für sie nicht mehr erreichbar.

Frau T. ging in Gedanken wohl Hunderte Male das Wochenende durch, aber wie immer sie es drehte und wendete, sie konnte keine Bruchlinie finden, es gab nichts. Er war scheinbar verliebt gewesen (oder hatte zumindest sehr überzeugend so gewirkt), sie hatten sich gut verstanden, in jeder Hinsicht, sie hatten über den geplanten gemeinsamen Urlaub gesprochen, nichts, da war nichts, das sie auf die aktuelle Situation vorbereiten hätte können. Denn dass es eine „Situation" war, war spätestens nach drei Tagen klar: Er war gesund und munter, ging zur Arbeit, aber ihr aus dem Weg.

Sie beschloss, noch einen Versuch zu starten, und schrieb ihm ein Mail: Es sei ihr klar, dass er sich offenbar von ihr getrennt habe, sie wolle ihn auch nicht bedrängen oder gar überreden, sie würde ihn nur bitten, ihr seine Gründe zu nennen. Das Unbestimmte, scheinbar Grundlose mache es ihr sehr schwierig, mit der Lage umzugehen. Auch darauf kam nichts, rein gar nichts, es war, als ob sie für ihn nie existiert hätte, als ob sie die letzten vier Monate in einem Wachtraum gelebt und sich alles eingebildet hätte. Ihre Freundinnen versuchten sie zu trösten und erklärten ihr, dass das gar nicht so selten vorkomme, das Beste wäre, ihn einfach abzuhaken und den noch aktiven Account der Partnerschaftsbörse gleich einmal für die nächste Suche zu nutzen. Frau T. winkte entschieden ab, sie hatte genug, aber jetzt auch eine Idee: Während der letzten Monate hatte sie diesen Account nie genutzt, jetzt schaute sie wieder einmal hinein, und siehe da, der Mann war die ganze Zeit aktiv gewesen …

Ich bin dann mal weg

Es ist nicht schwer, Menschen mit ähnlichen Erfahrungen zu finden, oder nur insofern, als die meisten nicht gerne darüber sprechen. Laut einer Umfrage von Nora Crotty für die Zeitschrift „Elle“ haben 54 Prozent der Männer und 77 Prozent der Frauen einschlägige Erfahrungen, entweder als Opfer, als Täter oder in beiden Rollen. Viele haben erlebt, dass sich ein vermeintlicher Partner völlig unzeremoniell aus der scheinbaren Beziehung verabschiedet, ohne die in solchen Fällen von Anstand und Respekt geforderten Rituale einzuhalten. Ein solches Ritual ist das „letzte Gespräch". Wir alle sind von Grund auf erklärungssuchende Wesen und können Erlebnisse dann besser akzeptieren, wenn es uns gelingt. sie in ein nachvollziehbares Kausalitätsraster einzuordnen. Das sang- und klanglose „Verschwinden" verwehrt uns diese Möglichkeit und lässt uns gekränkt, aber auch ratlos zurück, unterbindet aber nicht die Suche nach Ursachen und Anlässen. Mangels Rückmeldung neigen wir dazu, die Gründe bei uns selbst zu suchen, was dem Schmerz der Trennung noch die Folter der Selbstzweifel hinzufügt. Vielleicht waren wir eben nicht gut genug, nicht interessant genug, nicht reizvoll genug, um eine Fortführung der Beziehung zu verdienen. In der Regel, zumindest bei Persönlichkeiten mit überlebenstauglichem Selbstwertgefühl, folgt der Verzagtheit die Wut über das feige, verletzende, ja grausame Verhalten. Wenn man es so weit geschafft hat, hat man auch schon gewonnen und zumindest die Verantwortung korrekt zugeordnet.

Die Ursache liegt nämlich kaum je im Verlassenen, sondern im anderen, der seinerseits nicht fähig und/ oder willens ist, sich mit einem anderen auseinanderzusetzen, Konflikte zu klären und unangenehme Situationen durchzustehen, der also keinesfalls einen tauglichen Beziehungspartner abgeben hätte können, was den Verlust doch deutlich relativiert. Was früher unter „Ich gehe schnell Zigaretten holen" firmierte (und in der Realität weit seltener vorkam als in Parodien zum Thema Trennung und partnerschaftliche Unzufriedenheit), ist nun unter dem Begriff „Ghosting“ bekannt. Während sich die rechtschaffene Erregung vor einigen Jahren noch hauptsächlich an Trennungen per sms oder WhatsApp entzündete, haben sich Paul Simons althergebrachte „Fifty ways to leave your lover“ nun um eine ziemlich entbehrliche Methode erweitert.

Meist gibt es im Vorfeld schon Zeichen an der Wand (die man natürlich nicht unbedingt als Vorboten dieser erbärmlichsten aller Trennungsmethoden interpretieren muss): Der vermeintliche Partner bleibt gerne unverbindlich, will sich nicht auf Künftiges festlegen und plädiert bei einschlägigen Themen bevorzugt fürs Abwarten. Er vermeidet die Klärung auch geringfügiger Konflikte, ist aber überaus sensibel, was seine eigene Person und mögliche Angriffe betrifft, und reagiert auf vermeintliche Geringschätzung mit gekränktem Verstummen. Falls ihm selbst einmal ein Fehler unterläuft, kann er das partout nicht einsehen und findet hundert Gründe und Methoden, anderen die Verantwortung dafür zuzuschreiben. Er gerät häufig in Not, zumindest könnte man aus der Frequenz seiner „Notlügen“ darauf schließen, und hat generell Schwierigkeiten (oder sieht es nicht als erforderlich), die Perspektive zu wechseln und Situationen aus der Sicht eines anderen zu überdenken. Auch wenn der Begriff mittlerweile im gängigen Schimpfwort-Repertoire angekommen ist und damit einen Gutteil seiner definitorischen Trennschärfe eingebüßt hat: Hier mangelt es wirklich an Beziehungsfähigkeit, und das ist beileibe kein neues Phänomen unserer Zeit.

Beziehungen in Zeiten der Marktwirtschaft

In „Liebelei“ entwirft Arthur Schnitzler zwei Paare, die unterschiedlicher nicht sein könnten: auf der einen Seite Fritz und Christine, sie auf der Suche nach der einen großen, wahren Liebe, er auf der Suche nach etwas Suchenswertem; auf der anderen Seite Theodor und Mizi, beide völlig einig darin, dass Bindungen nur Probleme bedeuten und dass sich's ungebunden weit besser lebt. Der „kernlose“ Mensch, den Schnitzler hier in den beiden letztgenannten Charakteren vorstellt, ist in seinem Innersten substanzlos, ein Spiegel, in dem sich der gerade eben vorbeiziehende andere spiegelt, ohne einen bleibenden Eindruck zu hinterlassen, angesichts der aktuellen Bewirtschaftung der Partnermärkte ein durchaus modern anmutendes Konzept. Eva Illouz spricht von einem „Niedergang der Verbindlichkeit“, der durch die im Lauf des 20. Jahrhunderts erfolgte Sexualisierung von Männern und Frauen wesentlich erleichtert wurde: Sexuelle Beziehungen werden nicht länger in einem moralischen Rahmen reguliert, sexuelle Attraktivität wurde zu einem expliziten, von moralischem Verhalten losgelösten Merkmal der Geschlechtsidentität. Die „Sexyness“, also die Fähigkeit, auf potenzielle Partner anziehend zu wirken (bzw. ein Spiegel zu sein, in dem sich andere gerne sehen), ist einerseits ein Konsumgut und eine Ware, die möglichst gewinnbringend vermarktet werden will, andererseits eine Leitwährung im gängigen Selbstwertkarussell. Wie immer an der Börse ist es essenziell, den optimalen Zeitpunkt für Ein- und Ausstieg zu erkennen, die optimale Investitionsstrategie zu entwickeln,

Fehlinvestitionen rechtzeitig zu erkennen und auch gegebenenfalls möglichst unaufwendig abzustoßen. Vor allem aber ist es essenziell, flexibel zu sein, wendig und allzeit bereit, eine sich plötzlich erschließende bessere Chance zu nutzen und sich prompt von Veranlagungen zu trennen, um den möglichen Gewinn zu optimieren. Hier ist kein Raum für Sentimentalitäten oder Herzblut, im Gegenteil geht es darum, kühlen Kopf zu bewahren und keine langfristigen Bindungen einzugehen.

Die Vielzahl der Wahlmöglichkeiten macht dabei Entscheidungen fast unmöglich. Eine 28-jährige Frau, die auf die Frage, ob sie sich prinzipiell nicht binden möchte oder nur noch keinen Passenden getroffen habe, antwortet, es sei ja wohl nicht klug, sich an einen zu binden, wenn schon morgen ein besserer daherkommen könnte, illustriert das Phänomen der hedonistischen Bindungsangst und das ganze Elend der marktwirtschaftlichen Durchsetzung einer zwischenmenschlichen Möglichkeitsform, die ihrem Wesen nach nicht berechenbar und berechnend sein kann.

Selbst wenn, nach Abwägen von Für und Wider, formale Bindungen bestehen, sind solche im Kern ausschließlich funktionellen Beziehungen sofort obsolet, wenn ihr Marktwert einbricht. Die Trennung entspricht dann – zumindest einseitig – eher der Verlautbarung eines wirtschaftlich vernünftigen Beschlusses als einer emotional getroffenen Entscheidung.

Ein Mann in gehobener Position heiratet eine Frau, die ihm in Rang und Ansehen nicht nachsteht. Die beiden leben ihre Ehe hauptsächlich als Abfolge von geschäft-

lichen oder gesellschaftlichen Verpflichtungen, die allabendlich erfüllt werden. Als der Mann in gröbere Turbulenzen gerät, erklärt ihm die Frau unverblümt, dass er zur Kalamität und Belastung geworden sei, dass es mit ihrem Ansehen nicht vereinbar sei, weiter an ihn gebunden zu sein und dass sie die Scheidung einreiche. Der Mann ist tief getroffen und verletzt und kann nicht verstehen, wie sie ihn nach zehn Ehejahren nun in der Zeit der Not so kaltherzig abservieren kann, wo sie doch eine wirklich gute Ehe geführt hätten. Auf die Frage, ob er sagen könne, worüber seine Frau im letzten Jahr besonders glücklich oder besonders traurig gewesen sei, blickt er verständnislos und fragt, ob es denn erforderlich sei, so viel über die Partnerin zu wissen. Für solche unwichtigen Details habe er sich nie interessiert.

Das Paradoxon der belanglosen Beziehung (die auch belanglose Trennungen gebiert) liegt darin, dass der eigentliche Zweck der Übung, nämlich – trotz der Unsicherheit und Bedrohung durch Veränderung und Trennung – Geborgenheit und emotionale Heimat zu finden, verfehlt werden muss.

Danksagung

Ich möchte allen danken, die ihre eigenen Trennungsgeschichten mit mir geteilt und mir dadurch geholfen haben, den Facettenreichtum dieser allgegenwärtigen Erfahrung zumindest zu ahnen.

Danken möchte ich aber auch allen, die mich in der (immer intensiven, immer knappen) Zeit des Schreibens ertragen haben, meiner Familie, meinen Freunden, meinen Mitarbeitern und nicht zuletzt meinem Verlag, der meine Mühen mit außerordentlichem Langmut erduldet hat.

Literatur

DILLING H., MOMBOUR W., SCHMIDT M. H. (1993), *Internationale Klassifikation psychischer Störungen. ICD-10, Kapitel V: Klinisch-diagnostische Leitlinien,* 2. Auflage. Bern, Göttingen, Toronto, Seattle: Verlag Hans Huber.

ILLOUZ E. (2011), *Warum Liebe weh tut.* Berlin: Suhrkamp Verlag.

KLUGE F. (2002), *Etymologisches Wörterbuch der deutschen Sprache.* Berlin–New York: Walter de Gruyter.

RIEMANN F. (1991, 2007), *Grundformen der Angst. Eine tiefenpsychologische Studie.* München: Ernst Reinhardt Verlag.

WESTHEIMER R., SINGERMAN J. (2010), *Mythen der Liebe.* München: Collection Rolf Heyne GmbH & Co. KG.

VAUGHAN D. (1994), *Wenn Liebe keine Zukunft hat.* Reinbek bei Hamburg: Rowohlt Taschenbuch Verlag GmbH.